Krimskrams

:Haupt

Claudia Huboi

Krimskrams
finden und was draus machen

Das Sammelsurium-Schnipsel-Mitmach-Buch

Haupt Verlag

Impressum

Konzept, Projekte, Gestaltung: Claudia Huboi, kreisrund, Berlin
Zeichnungen: Claudia Huboi, kreisrund, Berlin
Cover: Susanne Nöllgen/GrafikBüro, Berlin
Fotos: Sabine Münch, Berlin

Bibliografische Information der Deutschen Nationalbibliothek:
Die Deutsche Nationalbibliothek verzeichnet diese Publikation in der Deutschen Nationalbibliografie; detaillierte bibliografische Daten sind im Internet über http://dnb.dnb.de abrufbar.

ISBN 978-3-258-60113-7

Alle Rechte vorbehalten.
Copyright © 2015 Haupt Bern

Jede Art der Vervielfältigung ohne Genehmigung des Verlages ist unzulässig.

Wünschen Sie regelmäßig Informationen über unsere neuen Titel zum Gestalten? Möchten Sie uns zu einem Buch ein Feedback geben? Haben Sie Anregungen für unser Programm? Dann besuchen Sie uns im Internet auf www.haupt.ch. Dort finden Sie aktuelle Informationen zu unseren Neuerscheinungen und können unseren Newsletter abonnieren.

www.haupt.ch

Printed in Germany

Inhalt

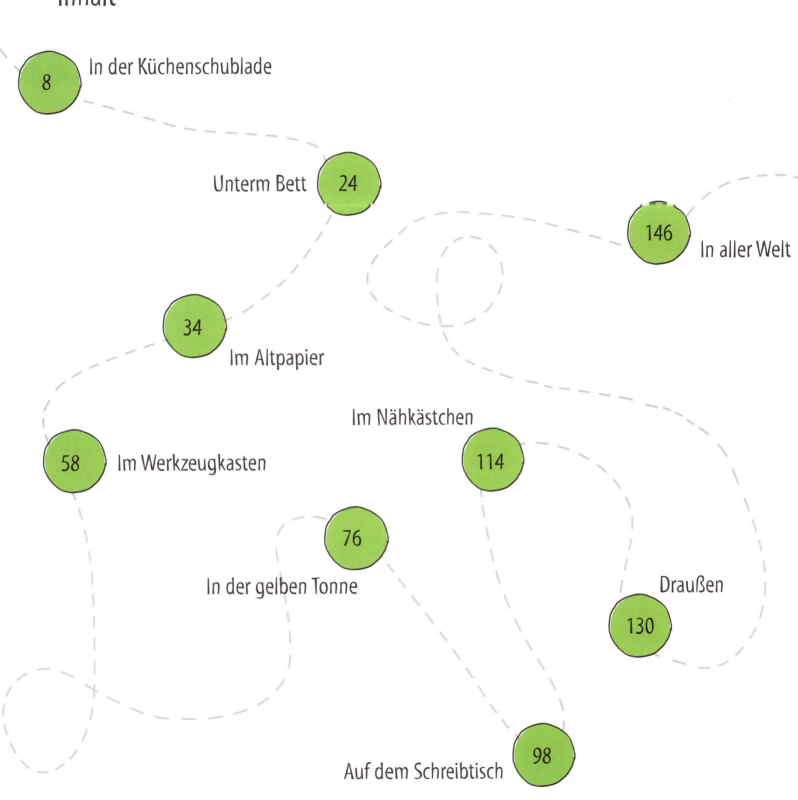

- 8 — In der Küchenschublade
- 24 — Unterm Bett
- 34 — Im Altpapier
- 58 — Im Werkzeugkasten
- 76 — In der gelben Tonne
- 98 — Auf dem Schreibtisch
- 114 — Im Nähkästchen
- 130 — Draußen
- 146 — In aller Welt

suchen, finden, sammeln...

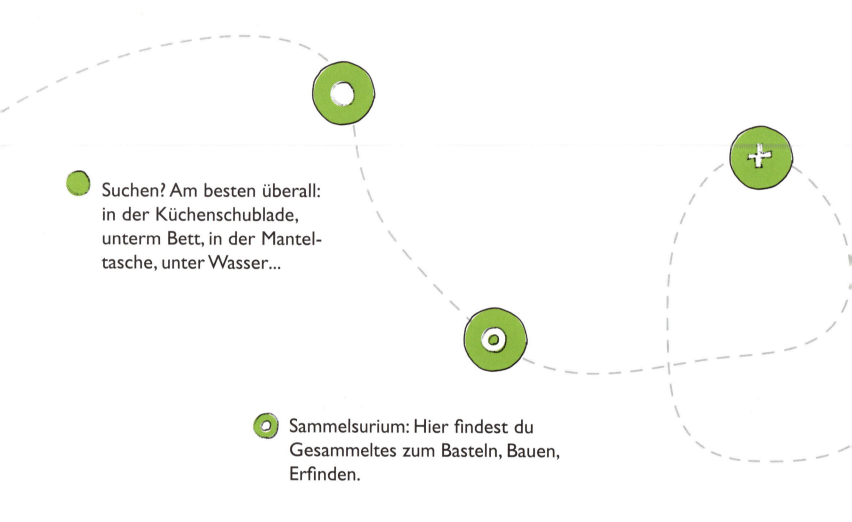

● Suchen? Am besten überall: in der Küchenschublade, unterm Bett, in der Manteltasche, unter Wasser...

◉ Sammelsurium: Hier findest du Gesammeltes zum Basteln, Bauen, Erfinden.

✚ 2 in 1: Aus jedem Sammelsurium kannst du zwei unterschiedliche Dinge bauen. Mindestens.

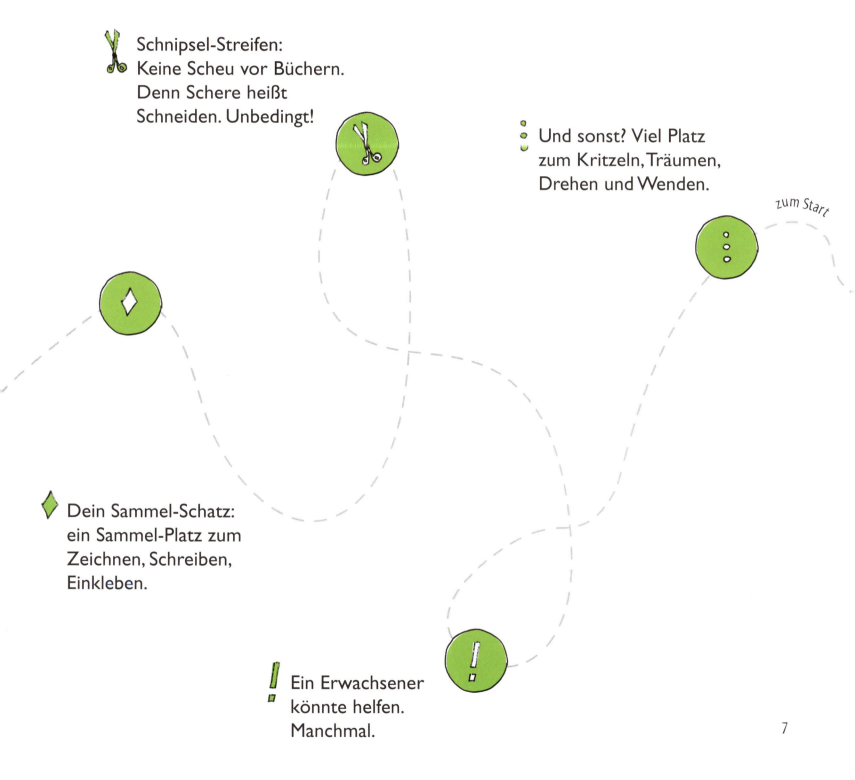

In der Küchenschublade...

... ziehst du vorsichtig an langen Schnüren,
entwirrst ein kleines Chaos
und findest alles, ohne zu suchen.

In einer Küchenschublade gibt's zum Beispiel:

Und bei dir? Wie viele Zahnstocher, Spültücher,
Korken, Streichhölzer findest du?
Links gibt's Platz zum Zeichnen.

Sammelsurium

 zum Korkenschneiden

+ Schaschlikspieße

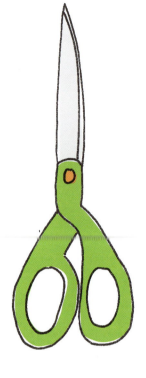

Was fällt dir hierzu ein?
Platz zum Erfinden, Planen, Bauen.

Keine Ahnung?
Dann ab ins All!

UFO-Besuch
von irgendwo

Aus Zahnstocher und Schnur eine Antenne schnüren,...

... in ein Korkstück stecken ...

Mit Stoffstreifen das Ufo verzieren.

... und auf einen Deckel kleben.

4 Zahnstocher in ein anderes Korkstück stecken und unter den Deckel kleben.

Platz für deine Marsianer!

Welche Farbe hat dein Weltall?

Und wie viele Ufos passen hier noch hin?

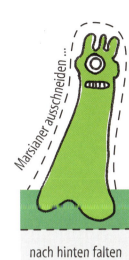

Schnibbel-Muster, falls du keinen Stoff hast.

Marsianer ausschneiden ...

nach hinten falten

+ aufstellen

nach hinten falten

Zur See geht's hier lang.

Auch Schnibbel-Muster haben eine Rückseite.

Bootsfahrt
auf gutem Kurs

Ein Stoffsegel ankleben.

Aus Schaschlikspieß und Streichholz einen Mast samt Baum schnüren.

Ein Korkstück als Mastfuß einkleben und das Segel hineinstecken.

Ablegen!

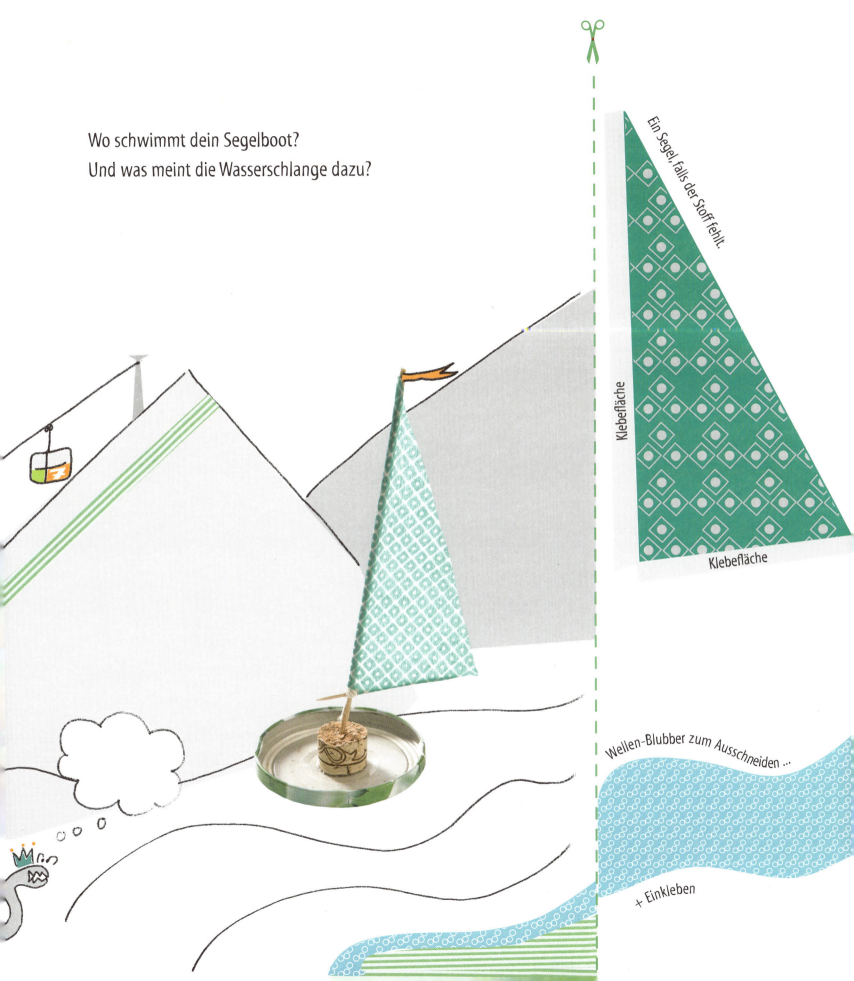

Wo schwimmt dein Segelboot?
Und was meint die Wasserschlange dazu?

Ein Segel, falls der Stoff fehlt.
Klebefläche
Klebefläche

Wellen-Blubber zum Ausschneiden ...
+ Einkleben

So dass sehen Segel von hinten aus. Bei Flaute.

Streichholzschachteln + Streichhölzer + dies + das …

…lassen dich Bauklötze staunen,

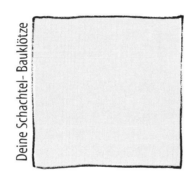

Deine Schachtel-Bauklötze

…immer wieder die Geduld verlieren

Dein Streichholz-Mini-Mikado

…und manchmal den Blick heben.

Sammelsurium

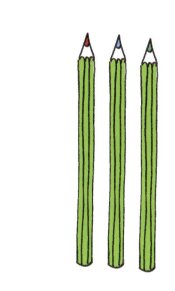

 Papier

Wachsende Häuser

Bei warmem Regen kratzen Häuser an den Wolken.

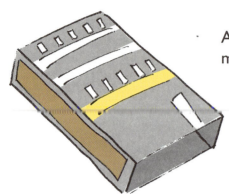

Auf die Außenschachteln klebst du Zeichnungen mit Fenstern, Türen, Streifen.

Was wächst?
Ein Dachgarten? Bienenkisten? Ein Swimmingpool?

Aufzeichnen, auf die Innenschachtel kleben, staunen.

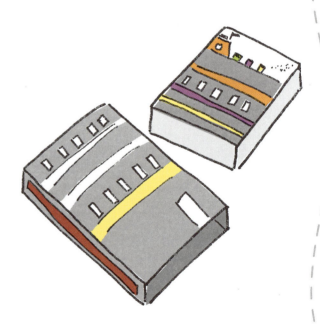

Denn kleine Häuser…

... können sich in die Höhe recken:

Wie sieht deine Stadt aus? Fahren dort Autos? Dann einmal umblättern.

Hier kannst du Häuser ausschneiden.

Innenschachtel

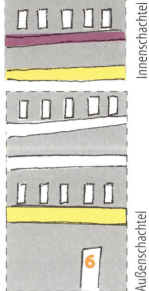

Außenschachtel

Innenschachtel

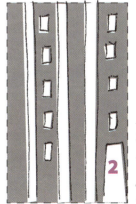

Außenschachtel

Schnelle Autos
mit offenem Verdeck

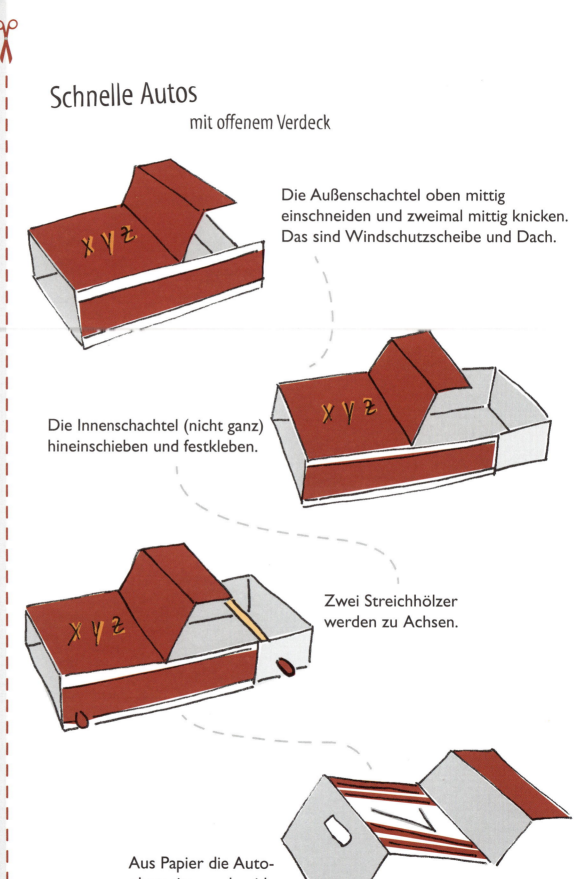

Die Außenschachtel oben mittig einschneiden und zweimal mittig knicken. Das sind Windschutzscheibe und Dach.

Die Innenschachtel (nicht ganz) hineinschieben und festkleben.

Zwei Streichhölzer werden zu Achsen.

Aus Papier die Autooberseite zuschneiden, bemalen und aufkleben.

So sehen Wolkenkratzer-Fassaden von hinten aus.

Fehlen nur noch Räder und Scheinwerfer aus Papier.

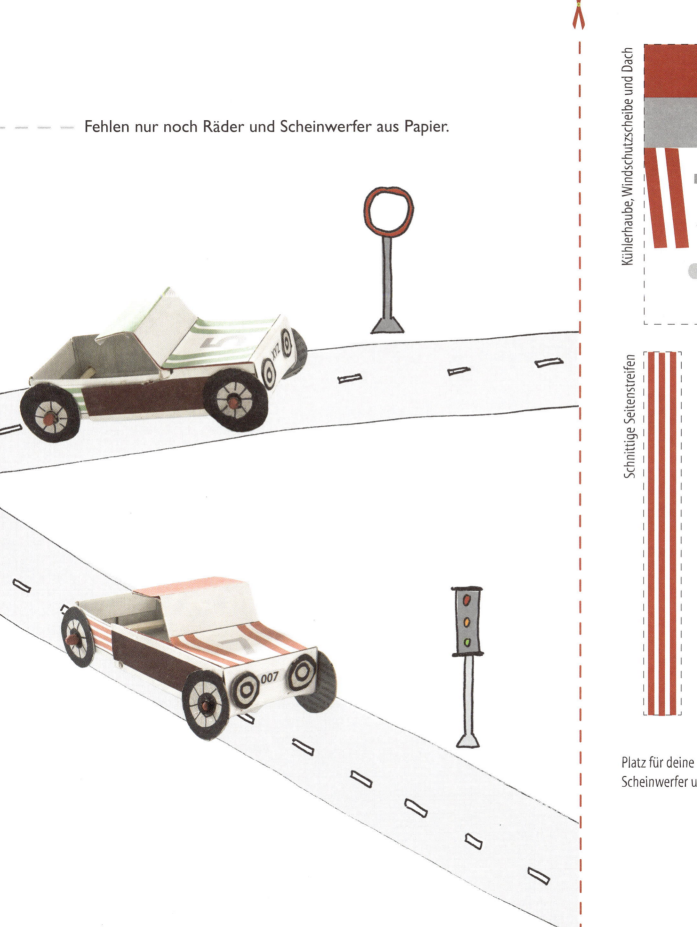

Kühlerhaube, Windschutzscheibe und Dach

Schnittige Seitenstreifen

Platz für deine Scheinwerfer und Räder:

Unterm Bett...

...gibt's vieles zu verstecken,
einiges zu entdecken und
so manches zu vergessen.

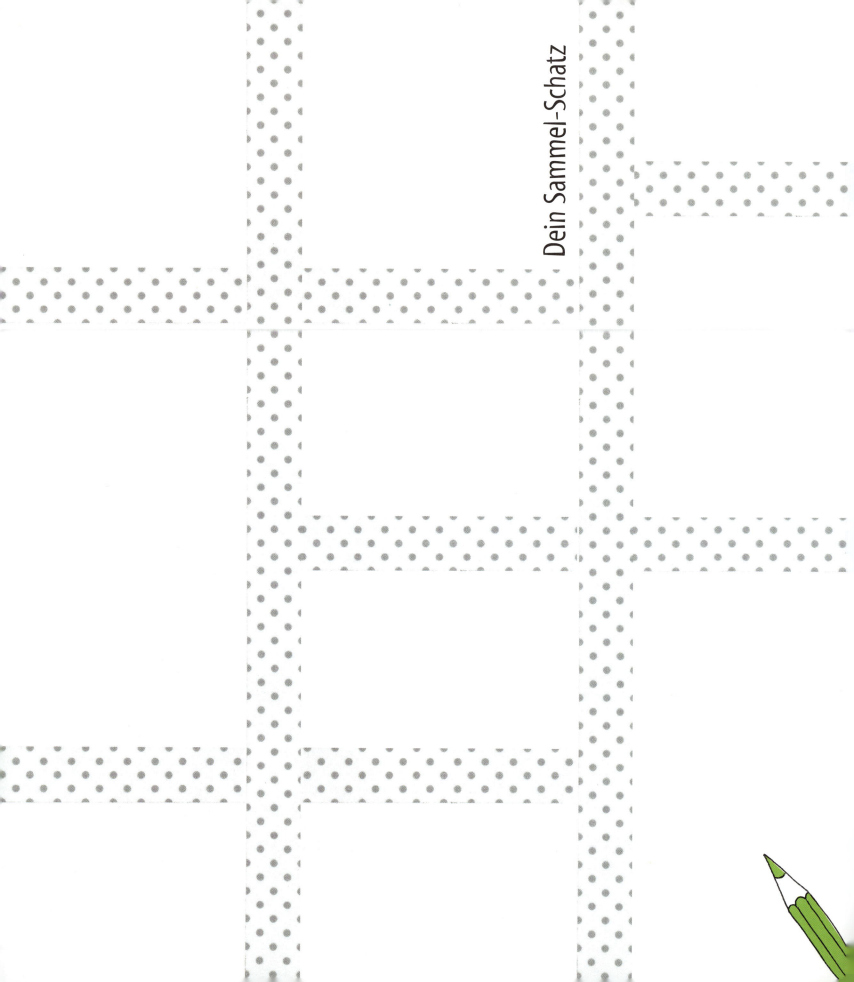
Dein Sammel-Schatz

Was findest du unterm Bett?

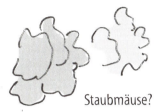
Staubmäuse?

Einen Wecker?

Ein altes Schulheft?

Deine Schatzkiste?

Einen verlassenen Socken?

Oder noch mehr Staubmäuse?

Sammelsurium

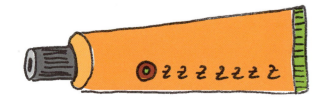

+ Pappe

Hier gibt's unter dem Bett alte
Socken und zerfledderte Comicseiten.
Was könnte daraus entstehen?

Mit Monster-Ideen bist du auf der richtigen Seite.

Socken-Monster

Ab sofort ist Sockensammeln angesagt.

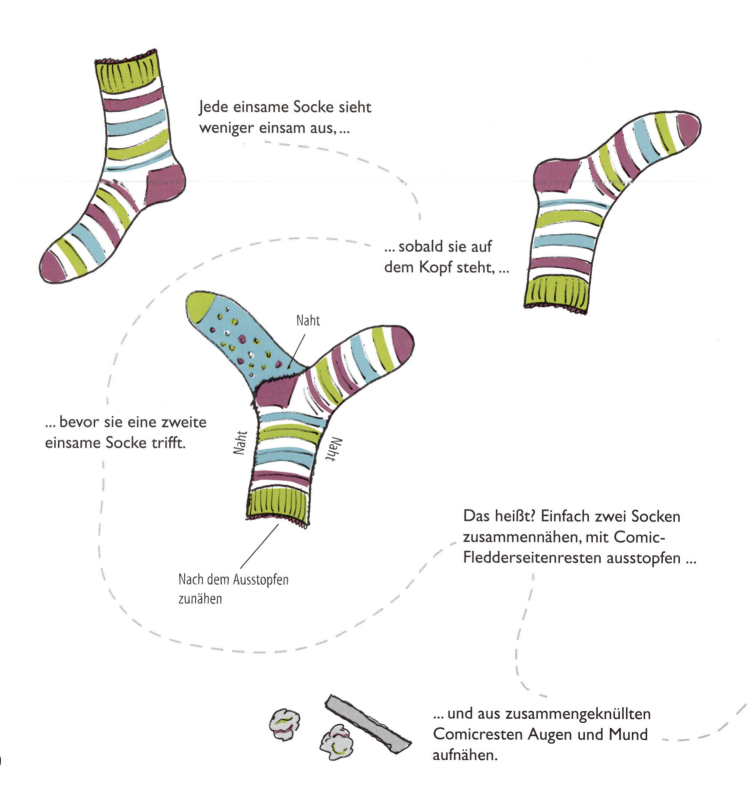

Jede einsame Socke sieht weniger einsam aus, ...

... sobald sie auf dem Kopf steht, ...

... bevor sie eine zweite einsame Socke trifft.

Naht

Naht

Naht

Nach dem Ausstopfen zunähen

Das heißt? Einfach zwei Socken zusammennähen, mit Comic-Fledderseitenresten ausstopfen ...

... und aus zusammengeknüllten Comicresten Augen und Mund aufnähen.

Großer Monster-Auftritt:

Große Loch-Parade: Wie groß war dein bestes Sockenloch?

Nicht der Rede wert　　　　　Nicht schlecht　　　　　　　Beeindruckend

Luftpost!

Das kennst du bestimmt: Bei klarer Sicht sieht die Welt von oben oft aus wie ein Flickenteppich aus Rechtecken und Streifen.

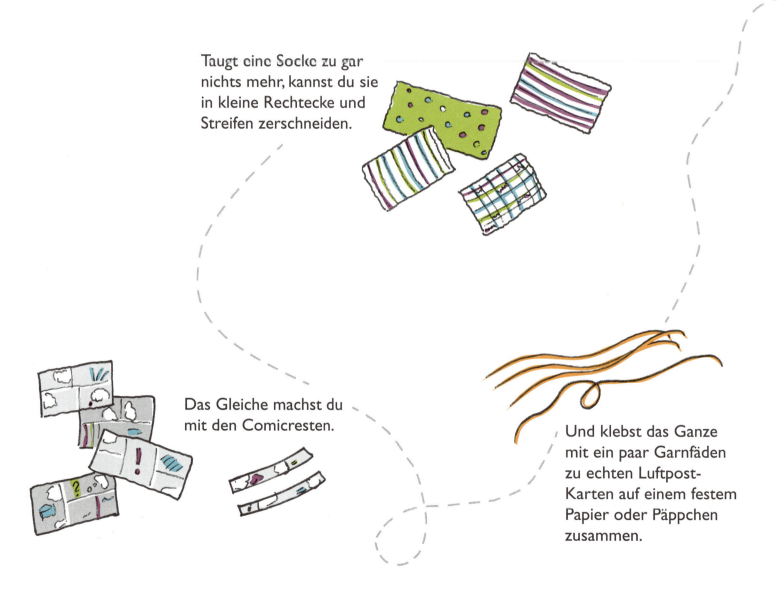

Taugt eine Socke zu gar nichts mehr, kannst du sie in kleine Rechtecke und Streifen zerschneiden.

Das Gleiche machst du mit den Comicresten.

Und klebst das Ganze mit ein paar Garnfäden zu echten Luftpost-Karten auf einem festem Papier oder Päppchen zusammen.

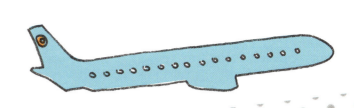

Dann schnell abheben ...

... und nach unten schauen:

= Felder + Felder + Weg

oder = Weg + Felder, Felder, Felder

Im Altpapier...

...kannst du wühlen ohne Ende, Pappen am Geruch erkennen und wichtige Neuigkeiten aus zweiter Hand erfahren.

Dein Sammel-Schatz

Was gibt's bei dir im Altpapier?

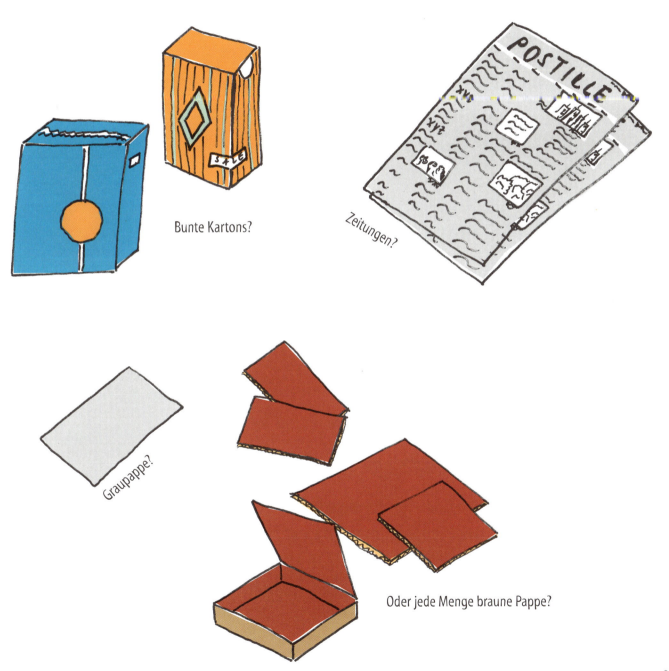

Bunte Kartons?

Zeitungen?

Graupappe?

Oder jede Menge braune Pappe?

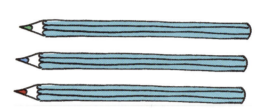
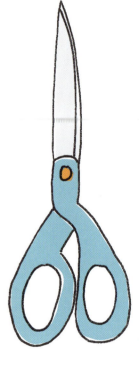

Sammelsurium

+ Papier

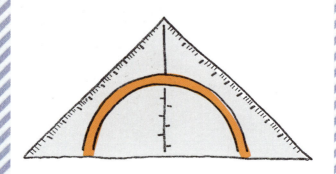

Graupappe findest du im Altpapier in Hülle und Fülle.
Das Gute daran? Auch Graupappe kann bunt werden – ganz flach oder in 3-D.

Platz für Graupappenreste zum Aufkleben:

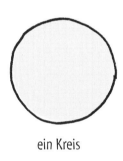
ein Kreis

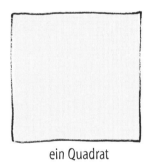
ein Quadrat

ein Dreieck

dicke Pappe

dünne Pappe

Weiter geht's zu Schaf und Pfau.

Stecktiere mehrlagig

Egal ob Pfau, Schaf oder Walfisch: Stecktiere haben alle eine Längs- und eine Querachse.

Am besten vorher ein Papiermodell anfertigen, dann die Teile aus Graupappe ausschneiden.

Schlitze zum Zusammenstecken nicht vergessen!

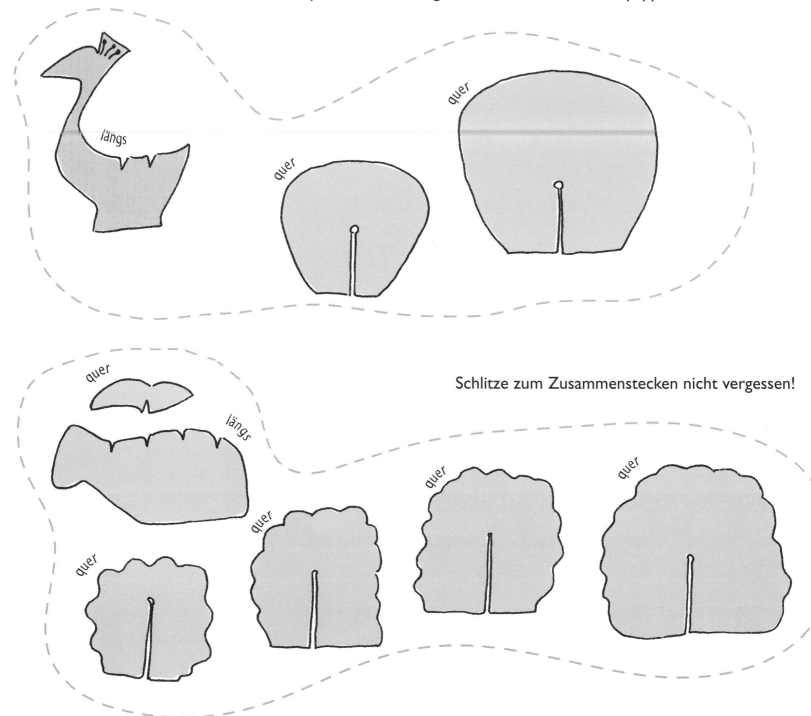

Schon gewusst? Sobald graue Schafe...

... auf prächtige Pfauen treffen, wird's bunt.

Pfauenfedern ...

... noch mehr Pfauenfedern ...

... und ein paar Schafslocken für dich

Genug gepuzzelt? Oder hast du Geduld für die nächsten Seiten?

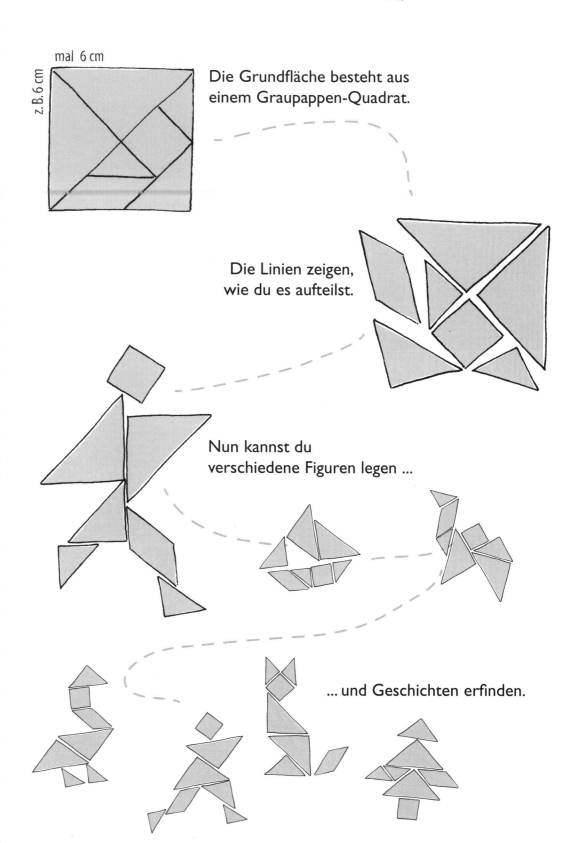

(Tapeten-)Tangram...

... ist ein uraltes chinesisches Puzzle.

Die Grundfläche besteht aus einem Graupappen-Quadrat.

Die Linien zeigen, wie du es aufteilst.

Nun kannst du verschiedene Figuren legen ...

... und Geschichten erfinden.

Welche Farbe hat Graupappe von hinten? Dreimal darfst du raten.

Auch Tangram geht in Bunt!

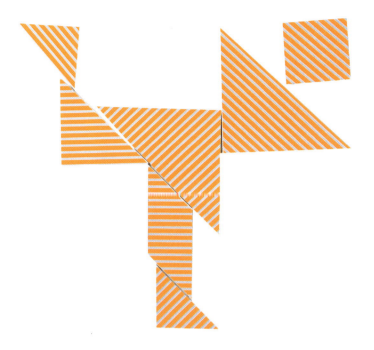

Rechts gibt's Tapeten-Muster dazu:
Die Papierchen aufkleben, bevor du
das Quadrat zerschneidest.

Rückseite

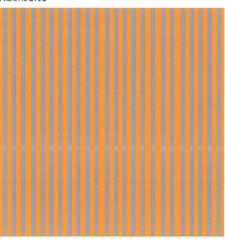

Vorderseite

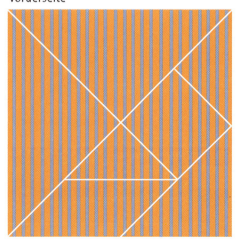

Im Altpapier findest du braune Pappe ohne Ende.
Bestes Material für Papp-Baumeister!

Und hast du dir die Pappe schon mal genau angeschaut?
Dann ist jetzt der richtige Moment fürs …

… Pappen-Innenleben-Wellenzeichnen:

Querschnitt:
einlagige Pappe

Querschnitt:
zweilagige Pappe

Querschnitt:
Pappe zusammengedrückt,
nach rechts

Querschnitt:
Pappe zusammengedrückt,
nach links

Möbelbau

Die Möbel werden mit etwas Schnur gespannt und aufgerichtet.

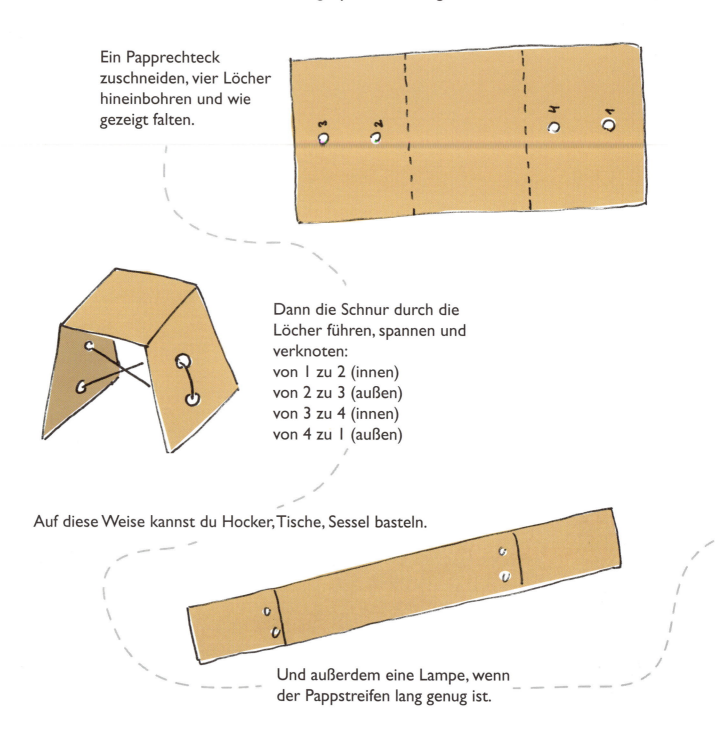

Ein Papprechteck zuschneiden, vier Löcher hineinbohren und wie gezeigt falten.

Dann die Schnur durch die Löcher führen, spannen und verknoten:
von 1 zu 2 (innen)
von 2 zu 3 (außen)
von 3 zu 4 (innen)
von 4 zu 1 (außen)

Auf diese Weise kannst du Hocker, Tische, Sessel basteln.

Und außerdem eine Lampe, wenn der Pappstreifen lang genug ist.

Radio nicht vergessen!
Und ein paar Trinkbecher
aus Strohhalmresten.

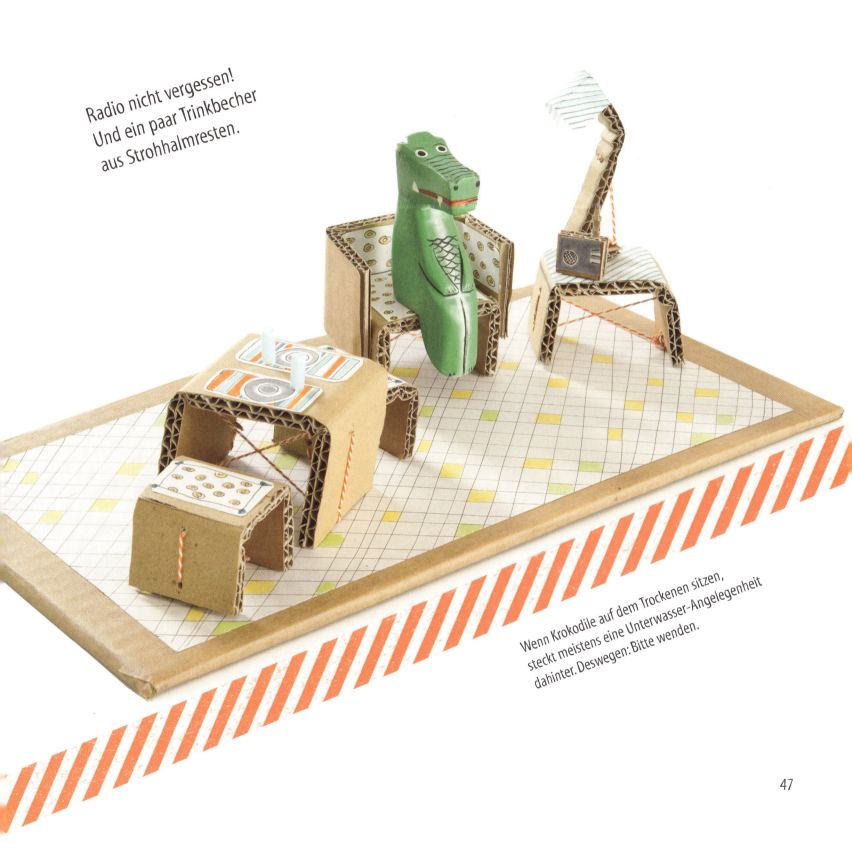

Wenn Krokodile auf dem Trockenen sitzen, steckt meistens eine Unterwasser-Angelegenheit dahinter. Deswegen: Bitte wenden.

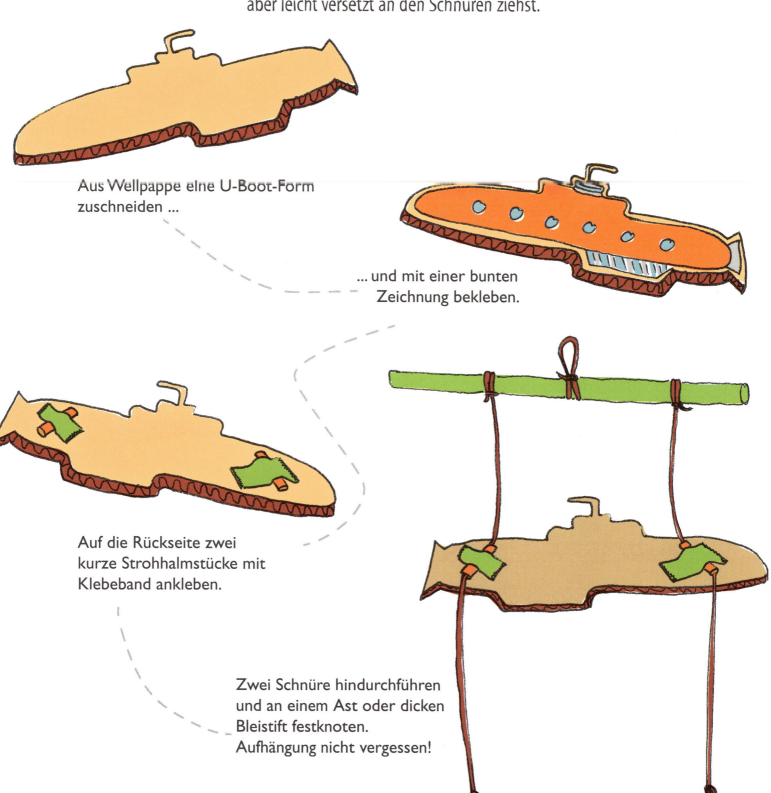

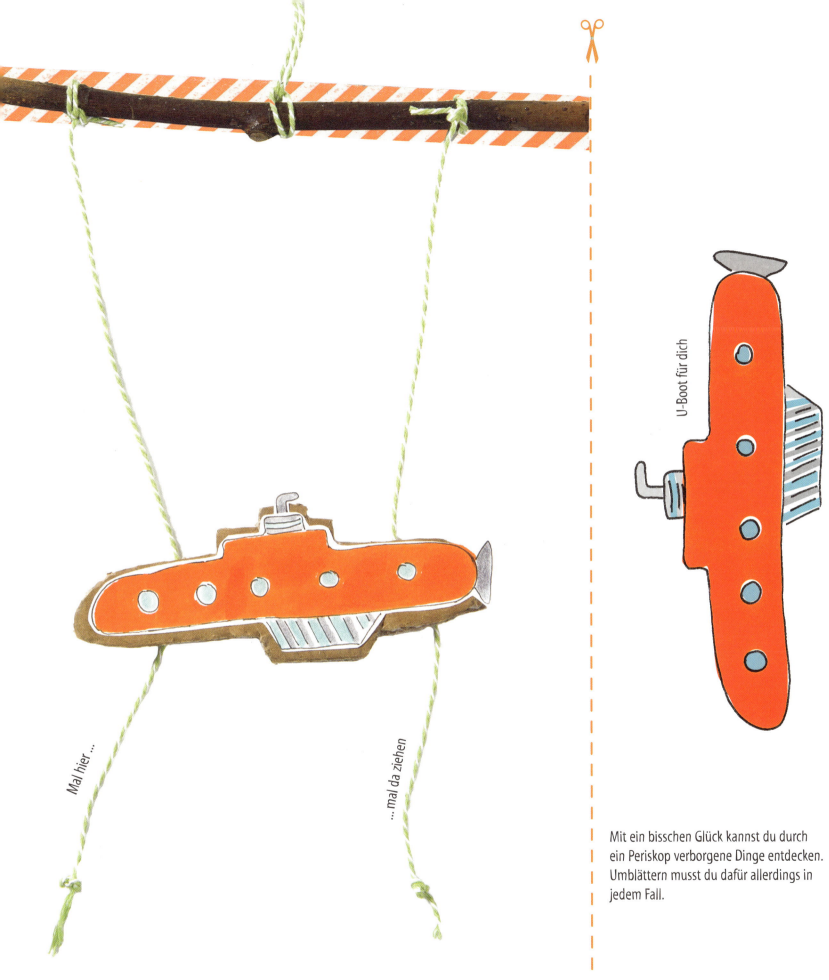

Mal hier ...

... mal da ziehen

U-Boot für dich

Mit ein bisschen Glück kannst du durch ein Periskop verborgene Dinge entdecken. Umblättern musst du dafür allerdings in jedem Fall.

Geheimer Garten
Die ganze Welt in einem Pappkarton

In kleine Pappstücke Schlitze schneiden, dünne Pappen hineinstecken und mit Zeichnungen bekleben.

Mit Bäumen,...

...oder Salatköpfen.

... etwas Gras ...

Aus einem eingeschnittenen Trinkhalm entstehen Palmen.

Eine Schnur von der einen Ecke zur anderen spannt sich, sobald du die Schachtel öffnest: Platz für Gondeln, Fledermäuse und Papageien.

Was entdeckst du im geheimen Garten?
Kornblumen, Rosen (mit und ohne See), Sonnenblumen, Bienen, Frösche?

 Papier, Pappe

Sammelsurium

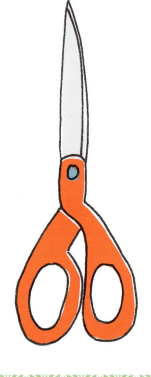

Alle Zeitungen ausgelesen?
Dann wird's Zeit fürs Weben und Rollen.

Zur Vorbereitung:
Lange Zeitungsstreifen zu kleinen Kugeln verknüllen, etwas kneten,
auf diese Buchseite legen und mit einem Stift die Umrisse nachfahren.

Kugel Nr. 1

Kugel Nr. 2

Kugel Nr. 3

Kugel Nr. 4

Welche Kugel ist am weichsten?
Die größte? Die kleinste?
Jedenfalls: Je weicher das Papier,
desto besser kannst du weben.

Portemonnaie

Das stabile Portemonnaie webst du aus langen Zeitungsstreifen.

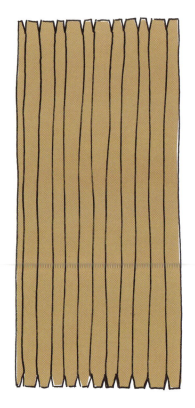

Ein Papprechteck an den kurzen Seiten gleichmäßig einschneiden, eine Schnur spannen und auf der Rückseite verknoten. Das ist dein Webrahmen.

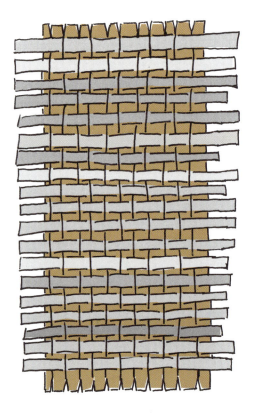

Zeitungsstreifen einweben: hoch, runter, hoch, runter usw. In der nächsten Reihe geht's dann runter, hoch, runter, hoch usw. Die Zeitungsstreifen fest zusammenschieben.

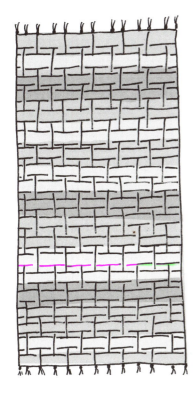

Die Schnüre auf der Rückseite aufschneiden und oben verknoten. Die überstehenden Zeitungsstreifen nach hinten umkleben.

Die Rückseite mit einem Zeitungsrechteck bekleben. Dann das Ganze wie eingezeichnet falten. Die Ränder zukleben und mit Klebefilm verstärken.

Lieber rollen statt weben? Dann einmal umblättern.

Wachsende Bäume

Nicht nur Häuser kratzen an dichten Regenwolken.

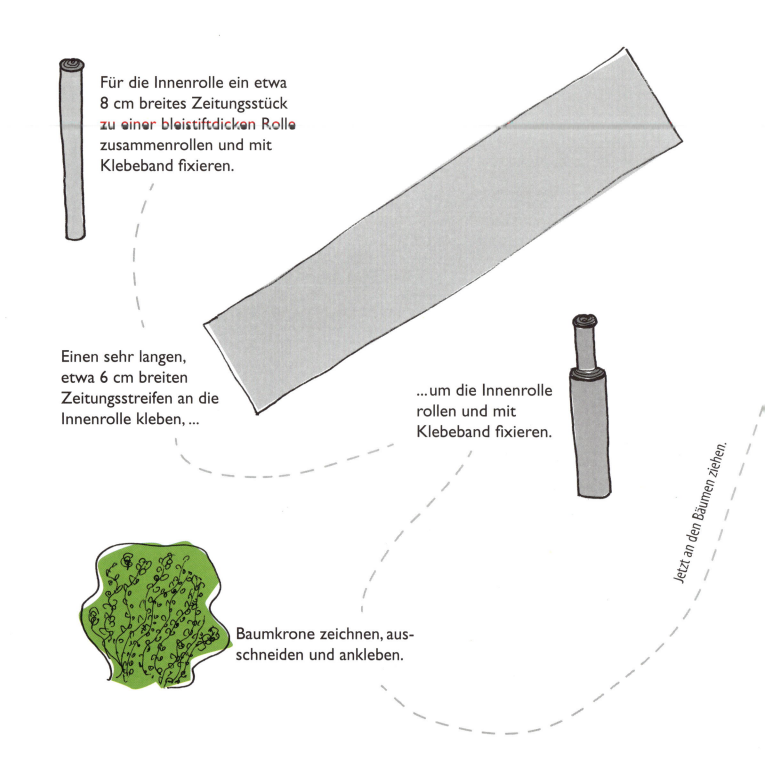

Für die Innenrolle ein etwa 8 cm breites Zeitungsstück zu einer bleistiftdicken Rolle zusammenrollen und mit Klebeband fixieren.

Einen sehr langen, etwa 6 cm breiten Zeitungsstreifen an die Innenrolle kleben, …

…um die Innenrolle rollen und mit Klebeband fixieren.

Baumkrone zeichnen, ausschneiden und ankleben.

Jetzt an den Bäumen ziehen.

Was wächst in deinem Dschungel?
Und welche Vögel flattern hier umher?
Platz zum Zeichnen

Im Werkzeugkasten...

...findest du unendlich viel Kleinkram,
staunst über dies und das, bevor du erkennst,
was die Welt zusammenhält.

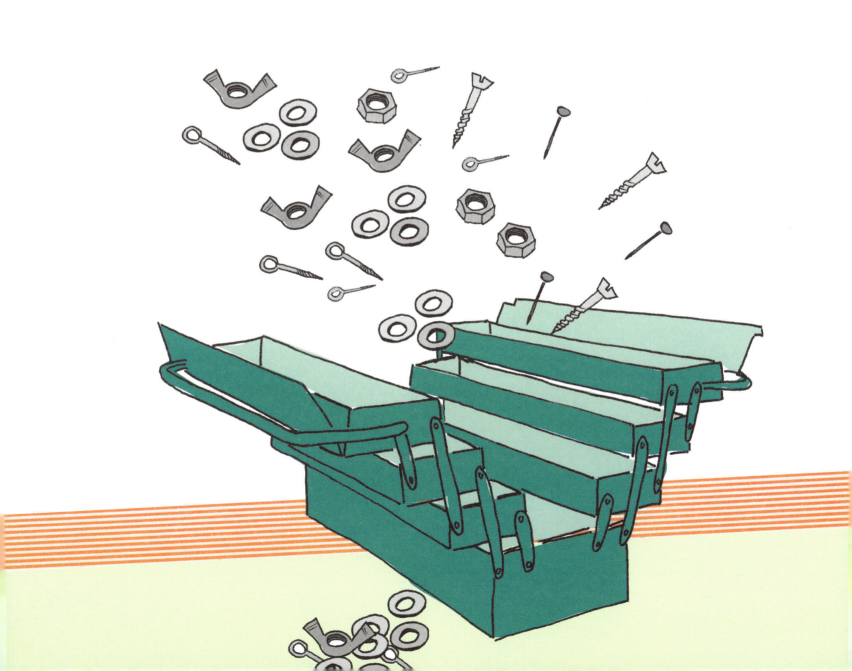

Dein Sammel-Schatz

Was kannst du in deiner Werkzeugkiste entdecken?

Zum Beispiel
Unterlegscheiben, Muttern, Ösen,
Schrauben, Nägel, Lüsterklemmen,
Draht, Sandpapier, LED-Leuchten
und so manches Hölzchen?

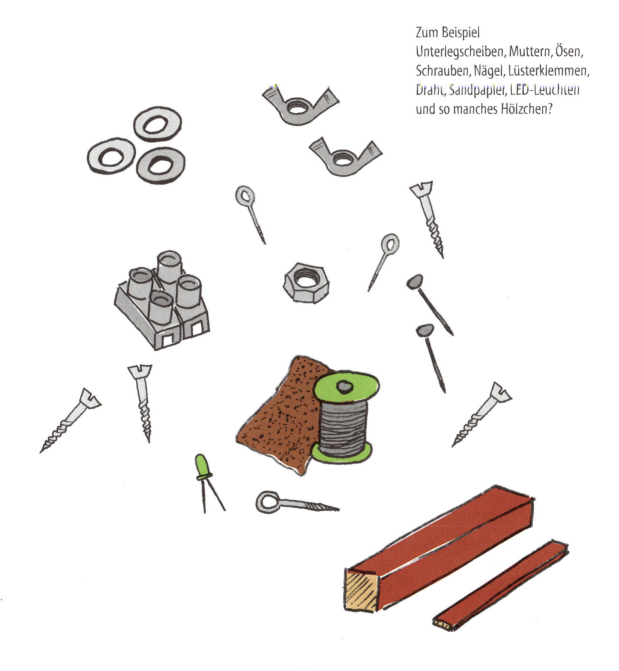

Sammelsurium

+ Papier, Stifte, Hammer, Bohrer

Hier gibt's alles, was das Sammler-Herz begehrt: Kabelbinder, Dübel, Federn, Muttern, Schrauben, LEDs, Nägel, Sandpapier, Hölzchen, Lüsterklemmen…

Was lässt sich daraus bauen?

Platz zum Planen

Bitte wenden.

Wendehälse
+ Wendehälse

Echte Wendehälse können ihren Kopf so verdrehen, dass man sie kaum wiedererkennt.

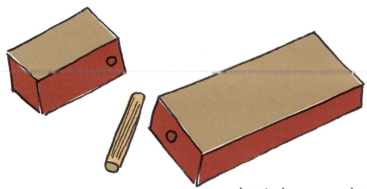

In ein langes und ein kurzes Hölzchen je ein Loch für einen Dübel bohren.

Aus Schrauben, Draht, Muttern, Ösen, Haken, Nägeln, Federn usw. ein Gesicht gestalten.

Auch die Rückseite gestalten – nur ganz anders. Wenn du dann noch den Körper verzierst und alles ineinandersteckst,...

... drehen die Wendehälse ihre Köpfe rundherum in echter 360°-Manier.

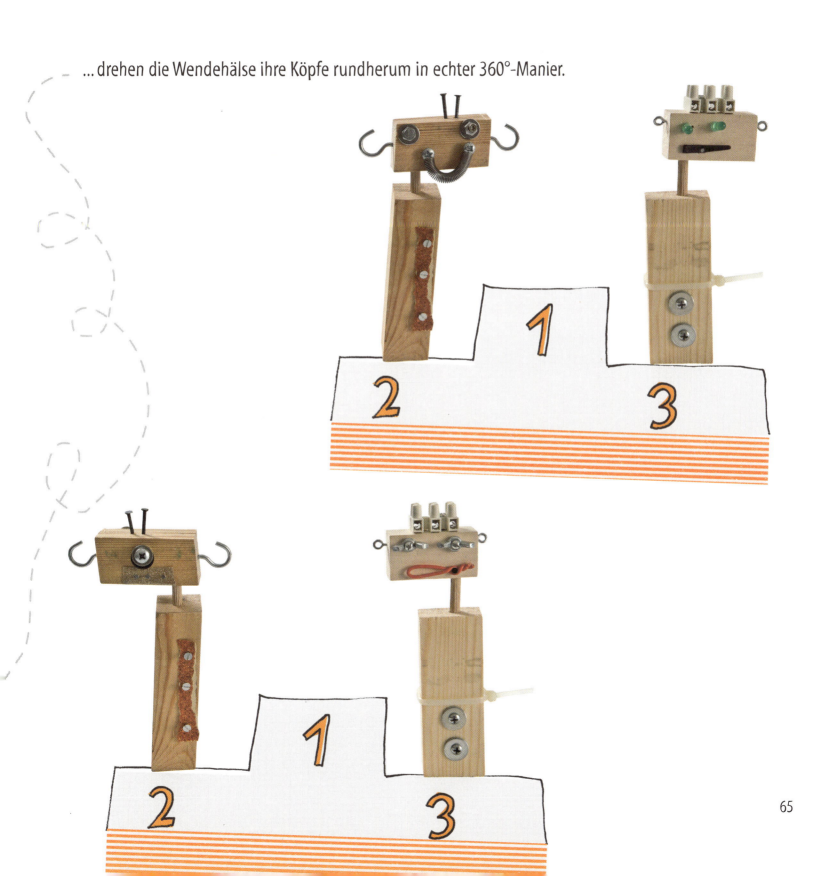

Containerhafen

Hier wird Ware in die ganze Welt verschickt.
Dank der Dübel sind die Kräne beweglich.

Für einen Kran brauchst du ein längliches Hölzchen (= Krankörper) und ein schmales Leistenstück (= Kranarm). Kranarm und Krankörper werden mit einem Dübel verbunden. Dafür entsprechende Löcher bohren. Außerdem wird der Krankörper mit einem Dübel …

… auf eine dickere Sockelleiste gesteckt. Die dickere Leiste bietet Platz für mehrere Kräne, also eine ganze Krananlage. Einfach entsprechend viele Löcher bohren.

Den Krankörper kannst du verzieren. Zum Beispiel mit Lüsterklemmen, Gummibändern, LED-Leuchten. Eine Ringschraube ist wichtig…

... für den Lastenhaken: einen Schraubhaken an eine Schnur binden.

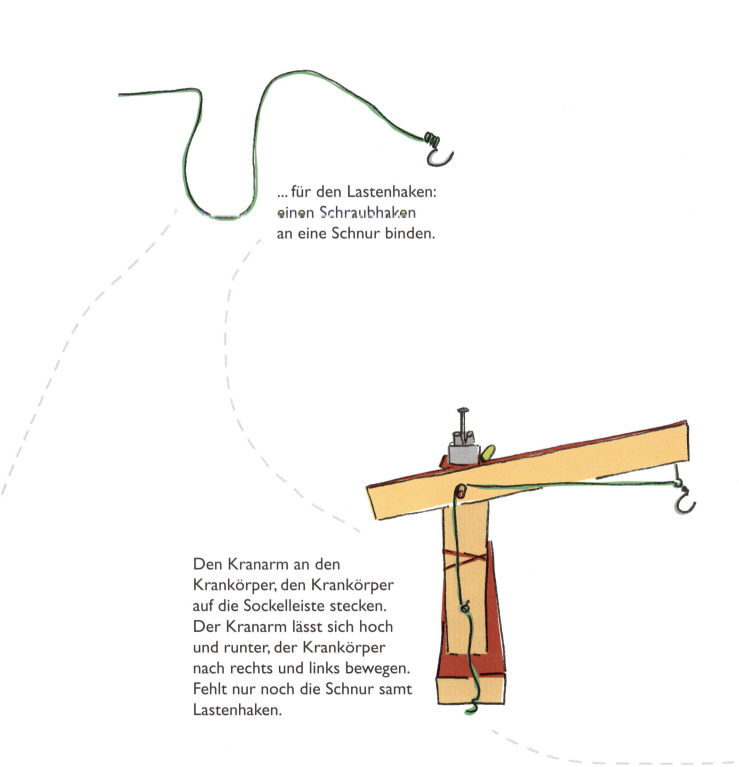

Den Kranarm an den Krankörper, den Krankörper auf die Sockelleiste stecken. Der Kranarm lässt sich hoch und runter, der Krankörper nach rechts und links bewegen. Fehlt nur noch die Schnur samt Lastenhaken.

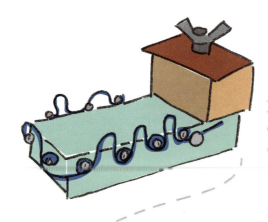

Zwei Holzklötzchen, Schrauben, Draht, etwas Schleifpapier, eine Flügelmutter, ein bisschen Leim: Fertig ist der Frachter.

Dann noch jede Menge Holzklötzchen in bunten Farben für jede Menge Container.

Wo steht dein Containerhafen?

Und wohin fahren deine Containerschiffe?

Dieser Containerhafen steht im chilenischen Valparaíso. Vielleicht.

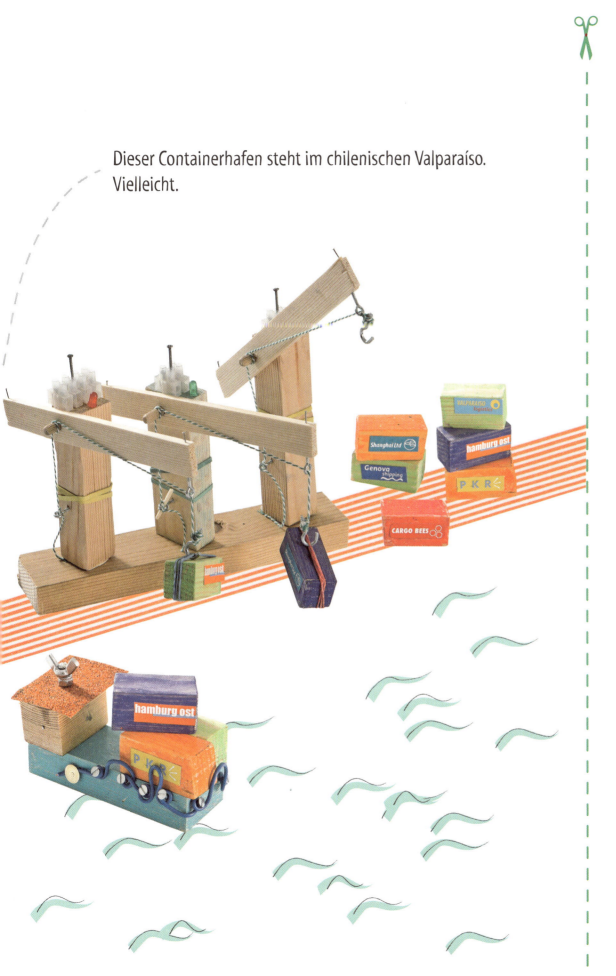

Ein paar Containerschilder zum Ausschneiden:

Platz für dein eigenes Containerschild:

Rundholzreste, Draht, Schrauben...
Was fällt dir dazu ein?
Platz zum Schreiben

Platz zum Zeichnen

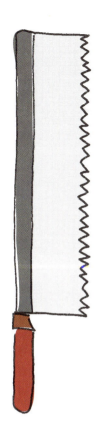

Sammelsurium

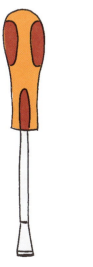
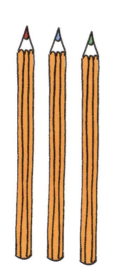

 Papier Pappe

Wackelmonster

Oder: Sobald du den Fuß bewegst, wackelt der Kopf.

(= alte chinesische Weisheit)

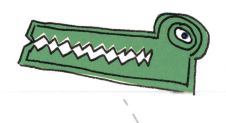

Auf Papier malst du bunte Monsterköpfe, klebst sie auf ein Stück Pappe und schneidest sie aus.

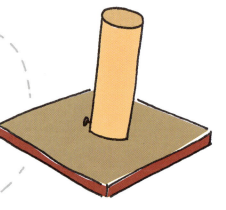

Ein Rundholz zusägen, unten eine Schraube eindrehen, Rundholz auf ein Holzplättchen leimen. Das ist der Sockel.

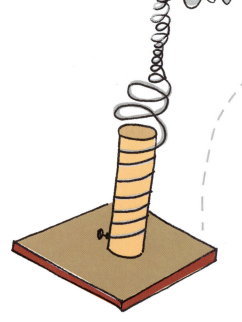

Für die Wackelspirale an der Schraube ein langes Drahtstück befestigen. Erst unwickelst du das Rundholz, dann einen Bleistift, dann wieder etwas Dickeres, z. B. einen Klebestift. Wichtig ist nur, dass dein Monsterkopf in die Spirale passt ...

Achtung: Wackelmonster unter sich ...

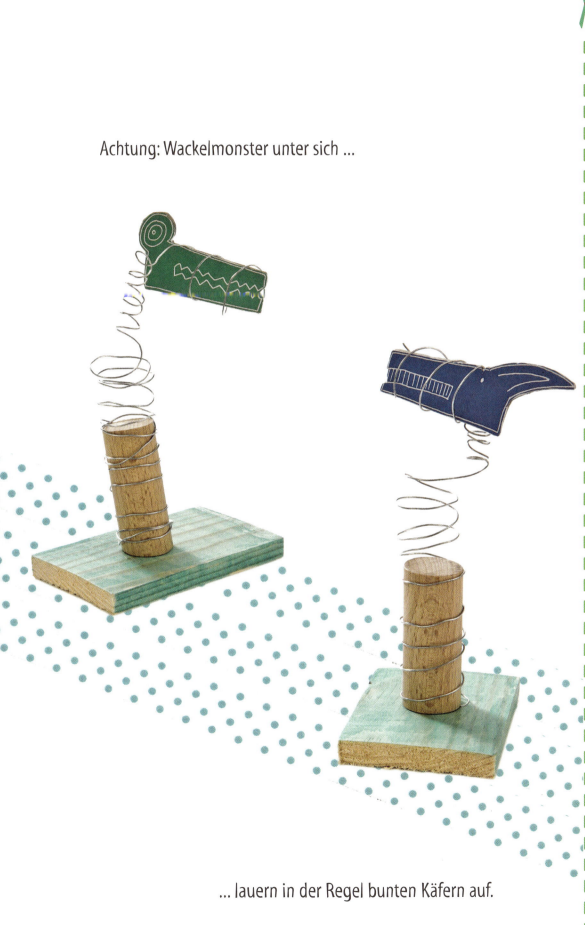

... lauern in der Regel bunten Käfern auf.

das bekannte ...

Zappelkrokodil

und der Grinsewolf ...

zum Ausschneiden

Käfersammlung

nicht nur für Insektologen

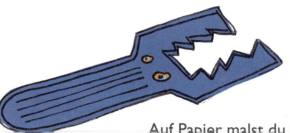

Auf Papier malst du Fantasie-Käferkörper, klebst sie auf ein Stück Pappe und schneidest sie aus.

Hast du viele Käfer gesammelt? Dann brauchst du viele Rundhölzer. Oben und unten drehst du jeweils eine Schraube (nicht ganz) hinein.

Das Rundholz mit Draht umwickeln, an den Schrauben die Drahtenden befestigen, den Käferkörper hineinschieben.

Sechs Käferbeine zuschneiden und einklemmen.

Die Ausstellung ist eröffnet.

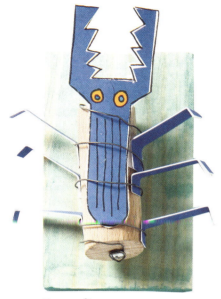

Zangenfürst

Breitmaulflitzer

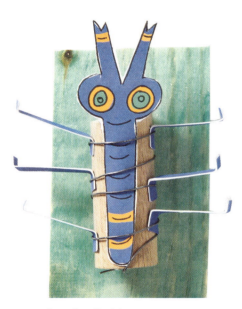

Rundkopfhülsler

Augenzappler

Wie heißen deine Käfer?

_____

_____

Keine Käfer gefunden? Hier kannst du welche ausschneiden.

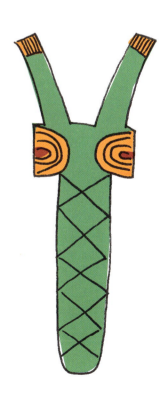

In der gelben Tonne…

…treffen sich bunte Joghurtbecher, scheppern Büchsen um die Wette und fallen dir Verpackungen ungewollt in die Hände.

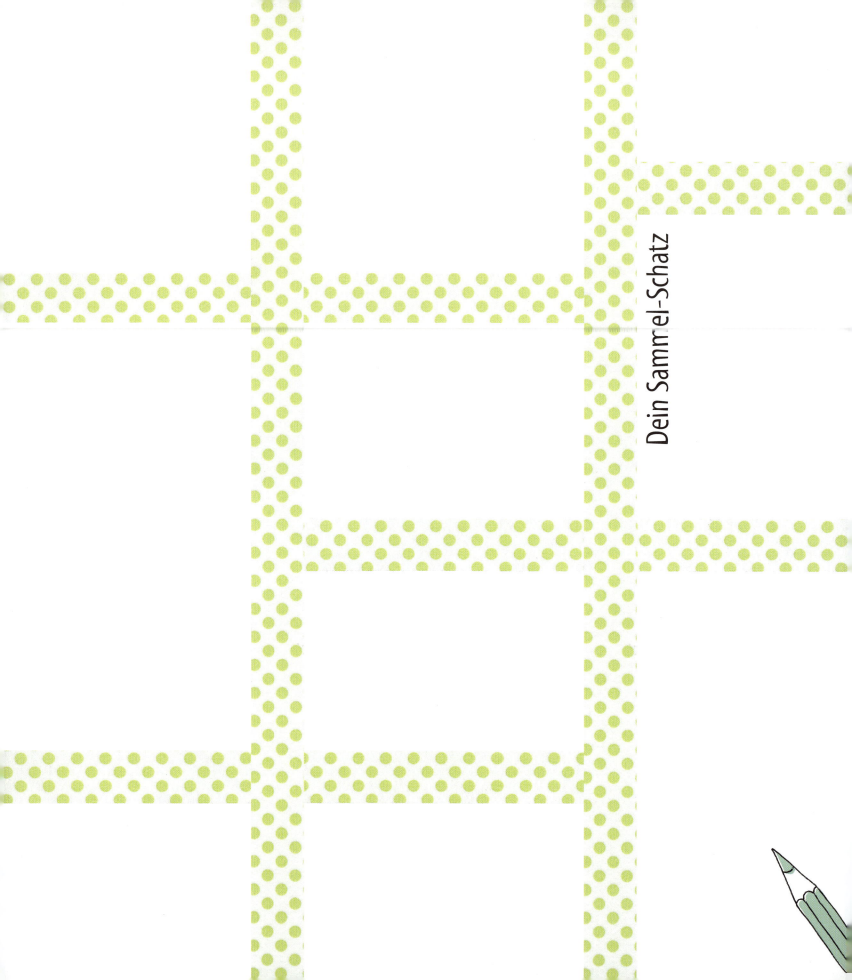

Schon mal in der gelben Tonne gewühlt?
Und wenn ja: Was hast du gefunden?

Joghurtbecher?

Strohhalme?

Konservendosen?

Getränkekartons?

Flaschenverschlüsse
und Kronkorken?

Sammelsurium

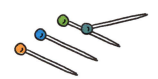

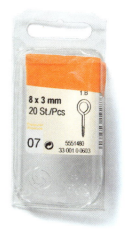

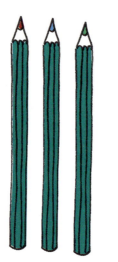
 Papier

Können Duschbadflaschen bei dir ...

...schwimmen?

Kraulende Flasche

...fliegen?

Fliegende Flasche

...laufen?

Laufende Flasche

Oder eher stehen?

Aquarium

Für ein großes Fisch-Museum musst du nicht viel tun, nur ganz schön lange duschen.

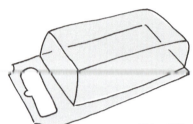

Die Blisterpackung und Duschbadflaschen säubern.

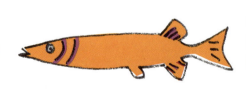

Schnabelfisch? Laternenfisch? Spröde Sprotten oder Fantasiefische? Kurzum: Jede Menge Fische malen, ausschneiden ...

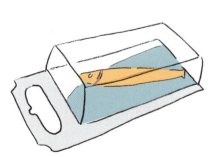

... und in die Blisterpackung stecken. Die Blisterpackung mit Stecknadeln befestigen.

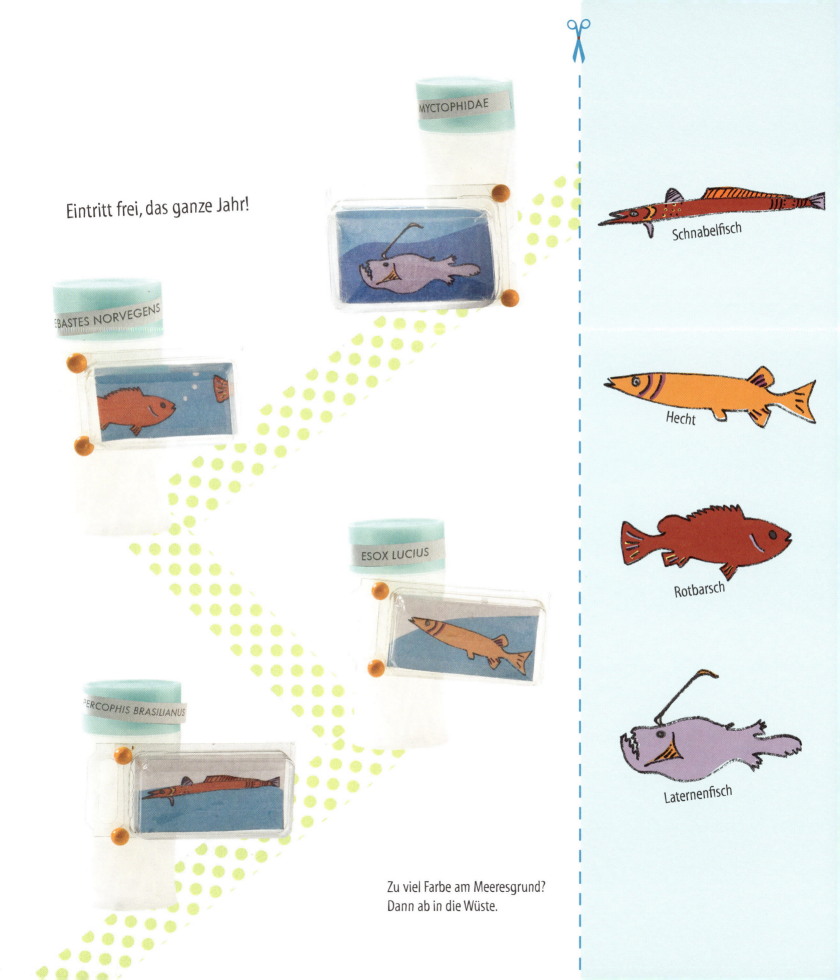

Schwarz-Weiß-Fernseher

Die Farbe fehlt, dafür laufen die Bilder.

Die Blisterpackung und Duschbadflasche säubern.

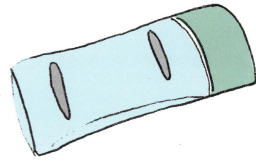

Mit dem Cutter in die Duschbadflasche vier Schlitze schneiden: zwei in die Vorderseite und deckungsgleich zwei in die Rückseite. Hier brauchst du Hilfe!

Einen passenden Papierstreifen zuschneiden und bemalen. Hier sind's Kamele in der Wüste. Genauso gut könnten es Schiffe, Schafe oder Luftballons sein.

ein bisschen Fischsuppe fürs Aquarium

Den Papierstreifen durch die Schlitze fädeln und mit Klebeband zu einer umlaufenden Schlaufe zusammenkleben. Die Blisterpackung aufschneiden, als Bildschirm feststecken...

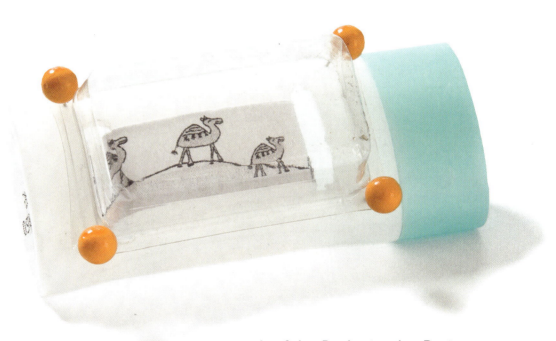

... und auf der Rückseite den Papierstreifen mit dem Daumen schieben: Die Kamele setzen sich in Bewegung.

Tipp!
Bevor du den Papierstreifen einfädelst, kannst du ihn auf der Vorder- und Rückseite mit Klebefilm bekleben. Dann hält er länger und es gibt keinen Filmriss.

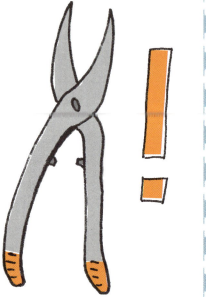

Sammelsurium

Zahnstocher, Klebeband

In diesem Sammelsurium gehen Dosen, Alu-Kaffee-Kapseln und ein paar Flaschenverschlüsse auf große Fahrt.

Zum Beispiel als Luftschiff:

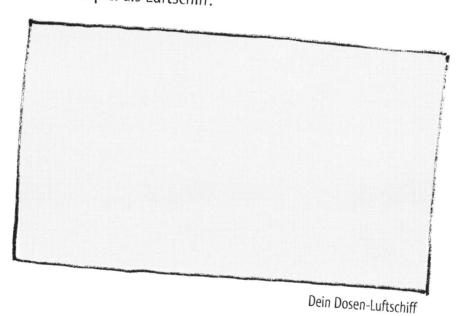

Dein Dosen-Luftschiff

Oder lieber zweigleisig?

Güterzug

Waggons und Lok bestehen aus gespülten Dosen, die Räder aus Flaschenverschlüssen, die Achsen aus Zahnstochern.

Je nach Dosenform kann ein Güterwagon so ...

Drahtverbindung

... so ...

... oder so aussehen. Für die Achslager gegengleich Löcher in die Dosen bohren. Auch in die Kunststoffräder Löcher bohren und die Räder mit etwas Klebstoff auf den Achsen fixieren.

Für die Lok ein Viereck aus der Bodendose schneiden und das Führerhaus von unten nach oben hindurchschieben. Scharfe Kanten abkleben. Der Schornstein besteht aus einem Kunststoffdeckel und einem Kronkorken, die erst gebohrt und dann mit Draht befestigt werden.

In Lok und Waggons auch seitlich Löcher bohren und alles mit etwas Draht zu einem Zug verbinden.

Stadt, Land, Fluss:
Durch welche Landschaft fährt dein Güterzug?

Hier geht's über die Wolken.

Rakete Rakete Rakete Rakete

Alle Dosen gut säubern – damit's beim Start schön scheppert.

In die flache Dose zwei Löcher bohren, ...

Am Verschluss der Getränkedose einen Draht festknoten.

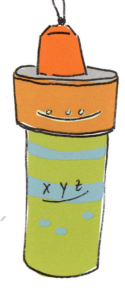

Die Drahtenden der Getränkedose durch die Löcher der flachen Dose hindurchführen, eine Kaffee-Kapsel (mit zwei hineingebohrten Löchern) aufsetzen, den Draht hindurchführen und zu einer Schlaufe verdrillen.

Unten in die Getränkedose vier Löcher bohren, Zahnstocher hineinstecken, mit Klebstoff fixieren. Als Raketenfüße vier Flaschenverschlüsse (mit hineingebohrtem Loch) aufsetzen.

Der Countdown läuft.

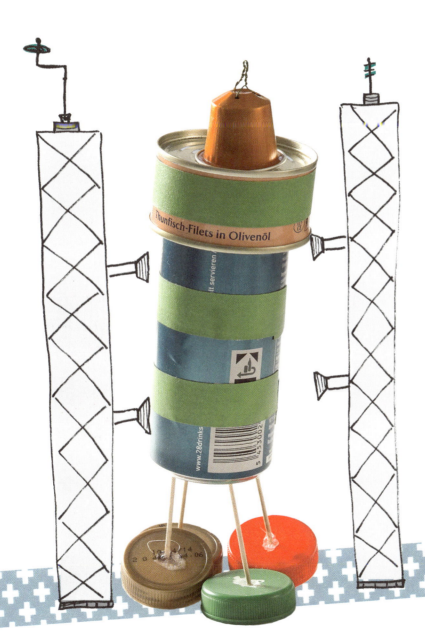

Tipp!
Mit ein bisschen Klebeband kannst du die Rakete verzieren.

Sammelsurium

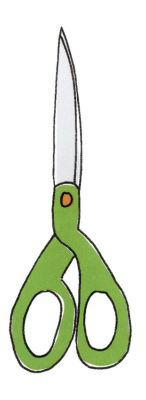

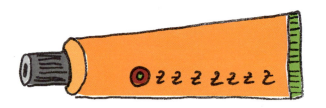

Getränkekartons können flachgedrückt werden oder aufrecht stehen. Wegen ihrer Beschichtung vertragen sie Feuchtigkeit gut und lassen sich außerdem leicht zerschneiden.

Lieber ein Getränkekarton, der noch stehen kann?
Platz zum Zeichnen

Oder ein zerschnittener?
Platz zum Einkleben

Vermutlich alles eine Frage der passenden Daumenfarbe.

Blumentöpfe
+ grüner Daumen

Einen Getränkekarton ausspülen ...

... oben abschneiden und unten ein Loch hineinbohren.

Wenn du willst, kannst du das Ganze mit farbigem Klebeband verzieren.

Ein grüner Daumen

Dein grüner Daumen

Wohin damit?
Ins Licht. Etwas Erde und Samen hinein, gießen, beobachten, wachsen lassen.

Was wächst im linken Topf? Und welche Farbe haben die Blumen rechts?

Brauchst du Blumensamen? Du kannst sie draußen an getrockneten Blüten absammeln: im Garten, auf einer Wiese, im Park. Hier das passende Samen-Sammel-Tütchen zum Ausschneiden und Zusammenkleben.

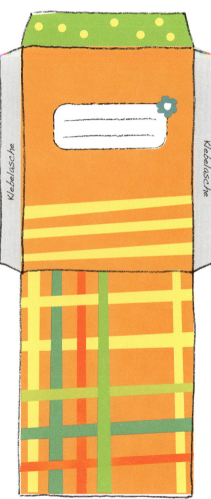

Fabelhaftes entdeckst du auf den nächsten Seiten.

Fabelwesen

Fabelwesen lieben großes Theater und lassen sich wie Stabpuppen mit zwei Händen bewegen.

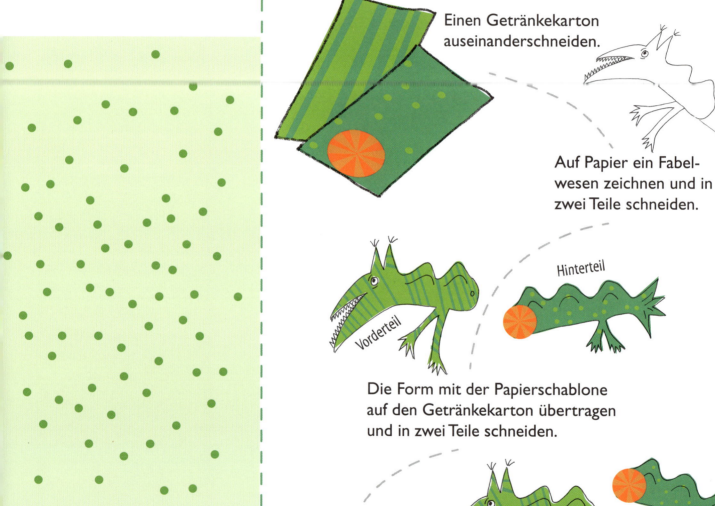

Einen Getränkekarton auseinanderschneiden.

Auf Papier ein Fabelwesen zeichnen und in zwei Teile schneiden.

Die Form mit der Papierschablone auf den Getränkekarton übertragen und in zwei Teile schneiden.

Vorder- und Hinterteil mit einer Versandklammer verbinden. Zwei Strohhalme mit Klebeband befestigen.

= Versammlung grüner Punkte.
Oder ein Samen-Sammel-Tütchen von innen.

Mottenalarm! Der prächtige Theatervorhang wurde (fast) aufgefressen. Grund genug, einen neuen zu zeichnen.

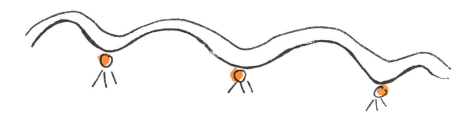

Die Fabelköpfe kannst du direkt auf Getränkekartons aufkleben. Fehlen nur noch die passenden Körper. Lang, kurz, dick oder dünn? Du hast die Wahl!

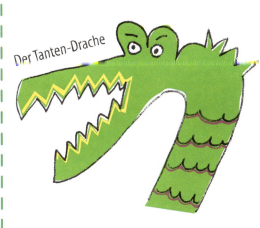

Der Tanten-Drache

Das Buckel-Schwein

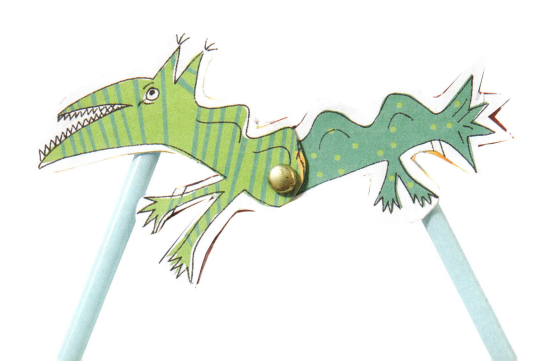

Auf dem Schreibtisch...

...winden sich Gummibänder,
warten Stifte auf bessere Zeiten
und ringen Büroklammern
um die besten Plätze.

Dein Sammel-Schatz

Mehr als Stifte und Papier:
Was gibt's auf deinem Schreibtisch zu entdecken?

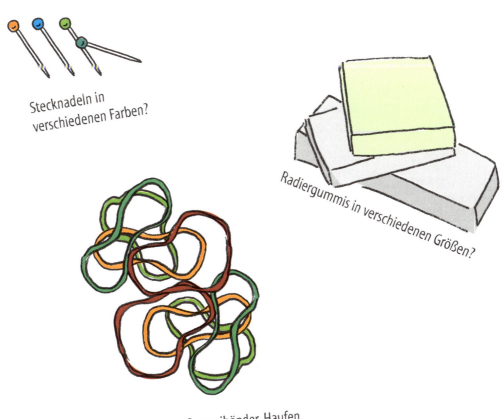

Stecknadeln in verschiedenen Farben?

Radiergummis in verschiedenen Größen?

Gummibänder-Haufen

Oder allerhand Büroklammern?

Sammelsurium

+ Papier, Stempelkissen

Nichts für Mathe-Muffel:
(Radiergummi + Stecknadeln) x Gummiband : (Schnur − Büroklammern) = ?

Deine Ideen

1. ----
2. ----
3. ----
4. ----
5. ----

Keine Ideen? Dann hilft eine kleine Stempelrunde.

Stempel Stempel Stempel

Die Stempel fertigst du aus Radiergummis.

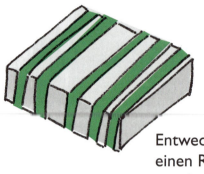

Entweder du umwickelst einen Radiergummi mit Gummibändern, ...

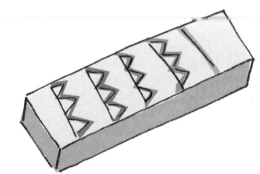

... ritzt Muster in die Oberfläche, ...

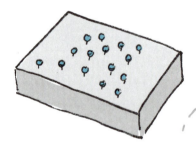

... stichst Stecknadel hinein ...

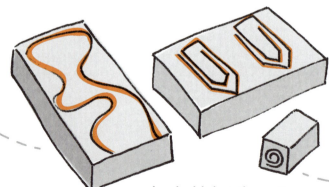

... oder beklebst ihn mit Schnüren, Büroklammern und allem, was dir auf dem Schreibtisch über den Weg läuft.

+ Test +++ Test +++Test+++Test+++Test+++Test+++Test+++Test+++Test+++Test+++Test+++Test+++Test

Gummibänder

Büroklammern

Stecknadelköpfe

Gummibänder

Schnur

und wieder Gummibänder

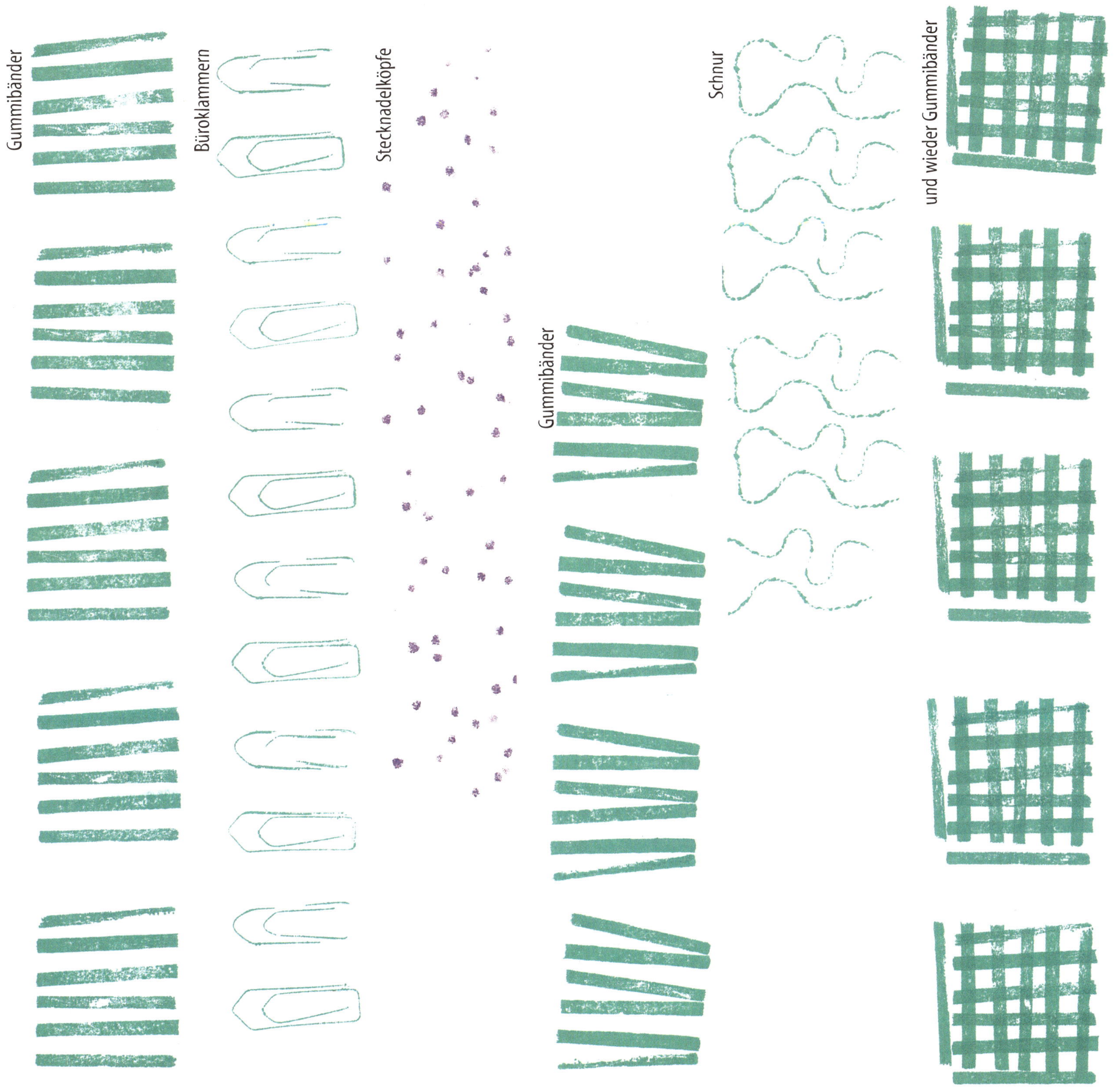

Ratzeviecher

Wenn dir langweilig ist, baust du sie zusammen. Wenn du einen Radiergummi brauchst, baust du sie wieder auseinander.

Aus unterschiedlich großen Radiergummistücken werden Körper und Kopf.

Stecknadeln halten alles zusammen und dienen als Augen. Gummibänder ...

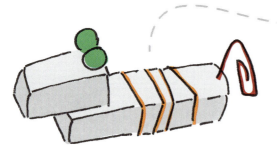

... sorgen für Fellstreifen und Büroklammern werden zum Schwanz.

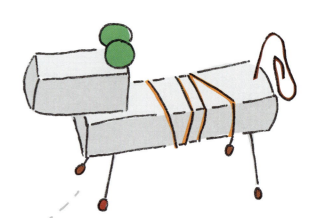

Noch mehr Stecknadeln helfen beim Stehen.

Zum Beispiel so:

Wie sehen deine Ratzeviecher aus?

Platz fürs Foto

Sammelsurium

+ Permanent-Liner, Gummiband

Kennst du das? Die Filzstifte malen schon lange nicht mehr, liegen aber immer noch auf dem Schreibtisch herum, mal rechts, mal links.

In diesem Fall Stiftekappen sammeln, Türme bauen...

Dein höchster Turm

...oder darauf pfeifen.

Dein höchster Ton

Alter Schreibtisch-Langeweile-Trick:
Statt in der Nase, lieber Löcher in bunte Stiftkappen bohren.

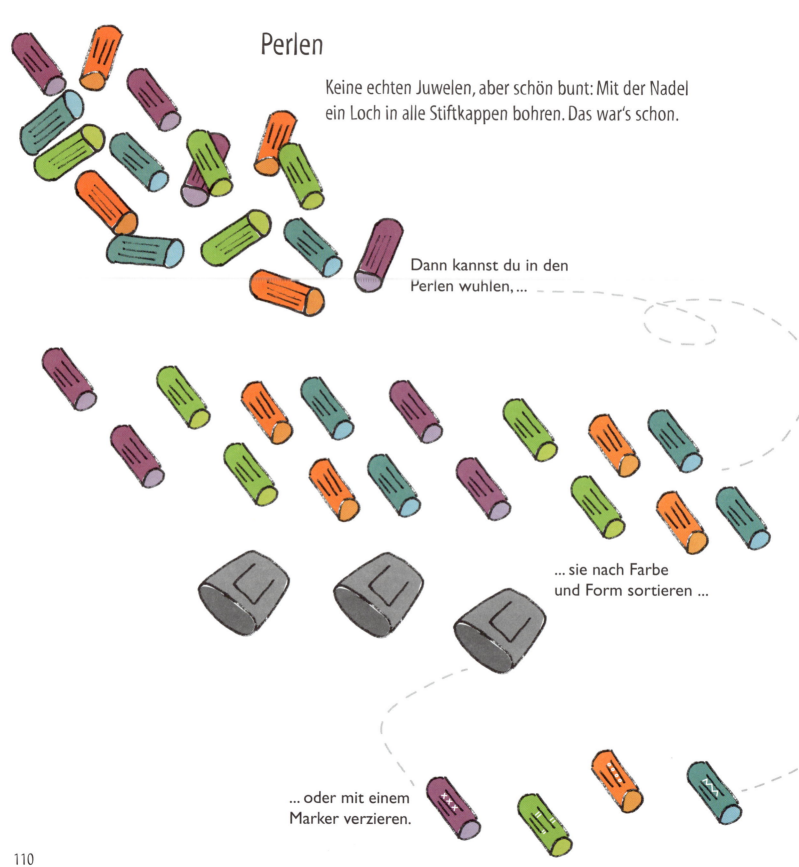

Perlen

Keine echten Juwelen, aber schön bunt: Mit der Nadel ein Loch in alle Stiftkappen bohren. Das war's schon.

Dann kannst du in den Perlen wuhlen, ...

... sie nach Farbe und Form sortieren ...

... oder mit einem Marker verzieren.

Und natürlich zu einer langen Kette auffädeln.

Zu viel Firlefanz?
Dann warten die Robos auf dich.

R
o
b
o
s

Innen werden sie durch zwei Gummibänder zusammengehalten – und können ihre Beine in alle Richtungen drehen.

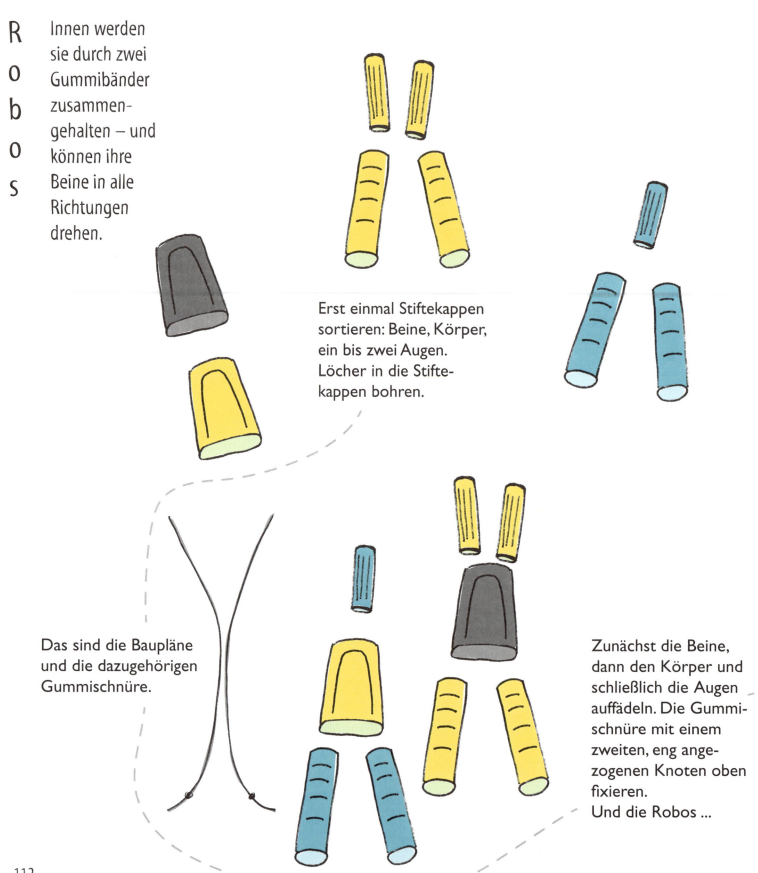

Erst einmal Stiftekappen sortieren: Beine, Körper, ein bis zwei Augen. Löcher in die Stiftekappen bohren.

Das sind die Baupläne und die dazugehörigen Gummischnüre.

Zunächst die Beine, dann den Körper und schließlich die Augen auffädeln. Die Gummischnüre mit einem zweiten, eng angezogenen Knoten oben fixieren.
Und die Robos ...

...tanzen lassen!

PS: Gesichter nicht vergessen.

Im Nähkästchen...

...rascheln die Stoffe, verwirren sich Garne und erwarten dich jede Menge bunte Überraschungen.

Dein Sammel-Schatz

Nähkästchen sind echte Schatzkisten.
Welche Schätze hast du dort schon gefunden?

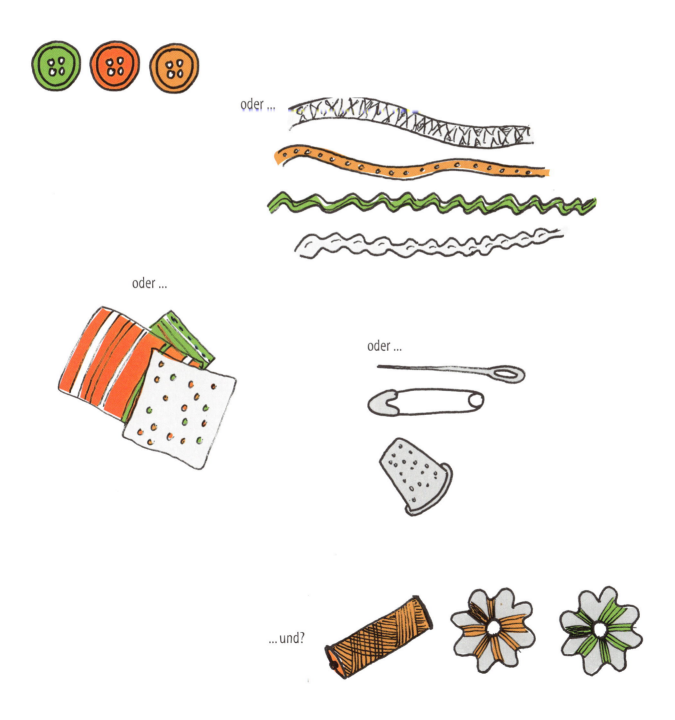

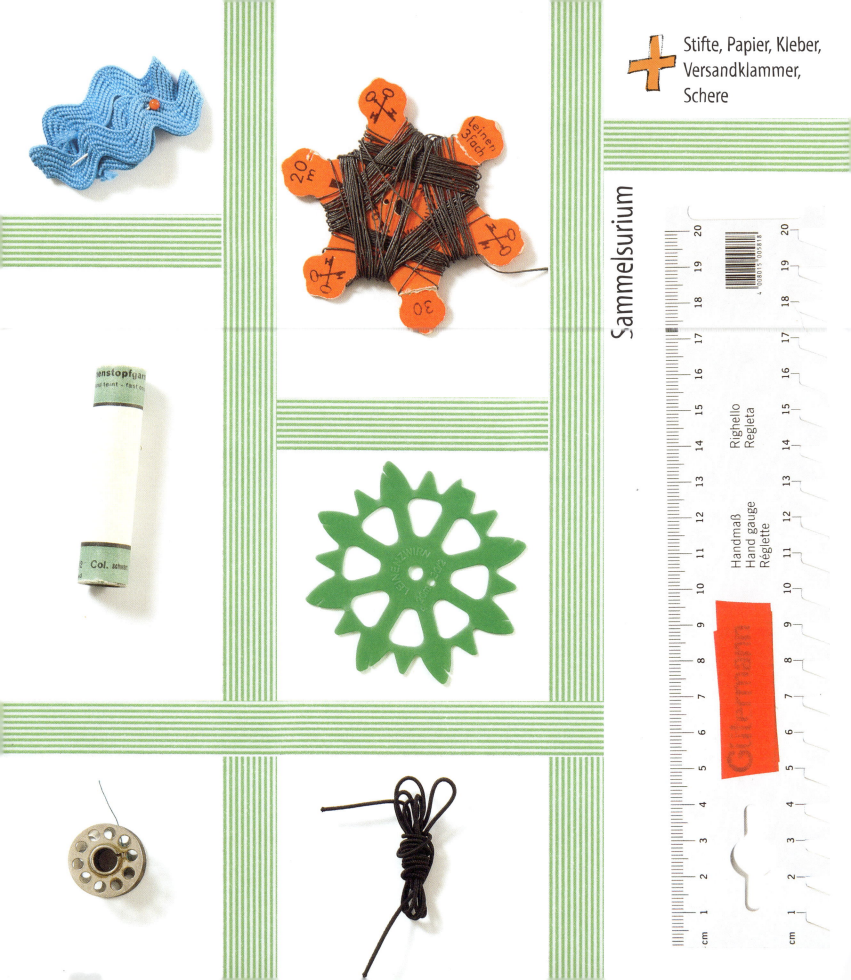

Zackenlitzen schaukeln ohne Unterlass.

Gummibänder flutschen.

Denn Spulen kullern gerne.

Nähkästchen und Nähen sind eng verwandt. Keine Frage.
Aber in einem Nähkästchen passiert viel mehr.

Wetten?

Schablonen
Form über alles

Nähzeug mit interessanten Formen aussuchen, mit einem feinen Stift umfahren und ausmalen.

Es wachsen einfache Blüten, ...

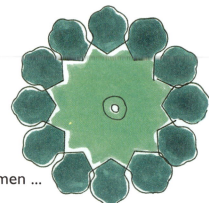

... prächtige Blumen ...

... und Zahnräder.

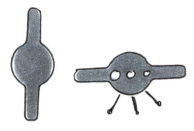

Manchmal auch Schlüssellöcher, die zu Ufos werden, ...

... oder Fahrradständer und jede Menge Kugeln.

120

Außerdem entstehen hin und wieder ganze Wasserkraftwerke. Einfach so.

Wenn-Dann-Maschine

Ihr Geheimnis? Wenn sich x dreht, dann bewegt sich y. Wenn y nach unten schwingt, dann baumelt z nach links, manchmal aber nach rechts. Und so weiter.

Platz für deinen Wenn-Dann-Maschinen-Plan

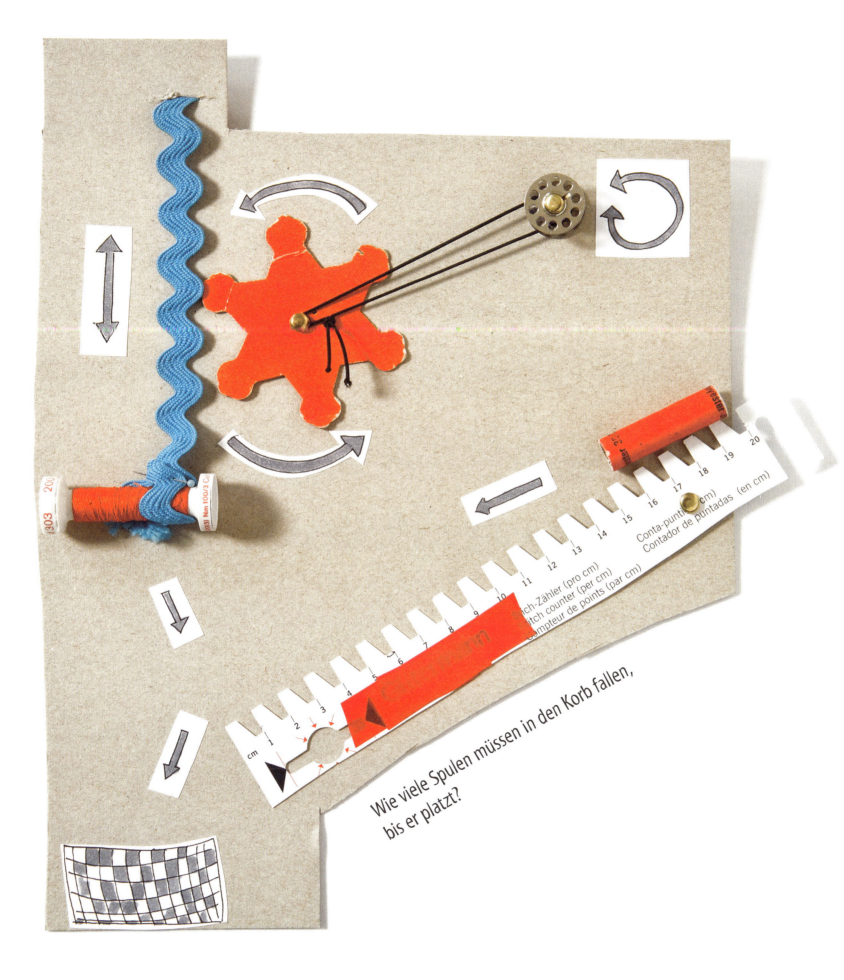

Wie viele Spulen müssen in den Korb fallen, bis er platzt?

Sammelsurium

= bestes Gardinenband

Stoffreste, Bänder, Gummilitzen, Gardinenband, Knöpfe, Spitze,
Schnüre ergeben bei dir zusammen ...

a) ... ein großes Wirrwarr. ☐*

b) ... ein echtes Durcheinander. ☐

c) ... das komplette Chaos. ☐

*Die richtige Antwort ankreuzen

Könnte auch anders laufen: Bitte umblättern.

Schlüsselanhänger

Etwas Gardinenband sorgt fürs notwendige Gewicht.

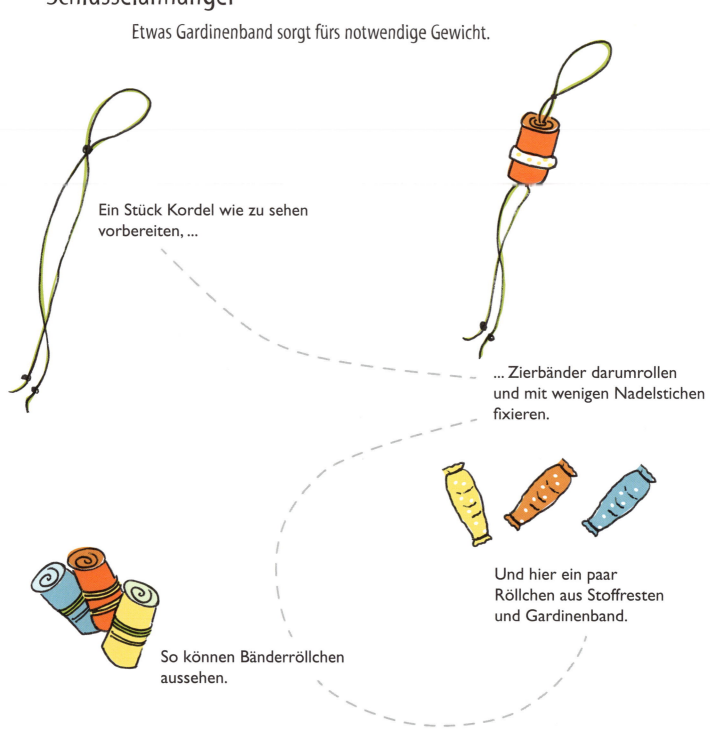

Ein Stück Kordel wie zu sehen vorbereiten, ...

... Zierbänder darumrollen und mit wenigen Nadelstichen fixieren.

Und hier ein paar Röllchen aus Stoffresten und Gardinenband.

So können Bänderröllchen aussehen.

Gibt's noch irgendwo einen großen ?
Dann findet auch er seinen Platz.

Schlüsselsortiment

Wie sieht dein Lieblingsschlüssel aus?

Schatzkarte

Schon mal eine Schatzkarte genäht? Zugegeben: Genähte Schatzkarten gibt's eher selten, aber sie sind die beste Tarnung für jedes Geheimnis.

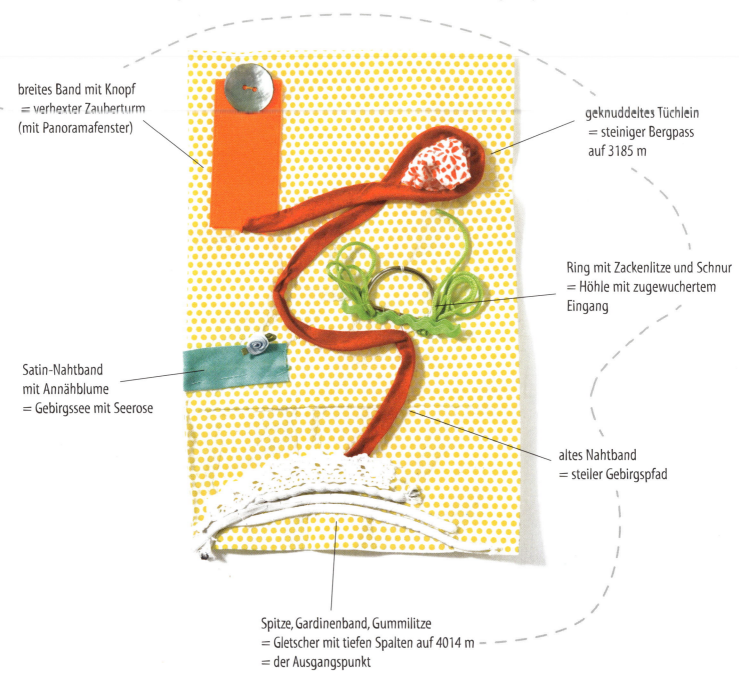

breites Band mit Knopf
= verhexter Zauberturm
(mit Panoramafenster)

geknuddeltes Tüchlein
= steiniger Bergpass
auf 3185 m

Ring mit Zackenlitze und Schnur
= Höhle mit zugewuchertem Eingang

Satin-Nahtband
mit Annähblume
= Gebirgssee mit Seerose

altes Nahtband
= steiler Gebirgspfad

Spitze, Gardinenband, Gummilitze
= Gletscher mit tiefen Spalten auf 4014 m
= der Ausgangspunkt

Die Schatzkarte links gilt fürs Gebirge. Doch wo liegt dein Schatz begraben: Auf dem Meeresboden? In Vulkannähe? Im Wald?

Keine Lust auf Nähen? Dann gibt's hier Platz zum Schatzkartenzeichnen.

Draußen...

...kommst du ins Staunen,
erlebst Wunder in Blau und kannst
dir allerhand in die Tasche stecken.

Herbarium

Buche

Ulme

Birke

Eiche

Robinie

Spitzahorn

Blätter, Steine, Blumen, Äste: Draußen herrscht die Qual der Wahl. Oder das Glück der Überfülle. Jedenfalls gibt's hier ein paar Blätter für dich und etwas Platz für eigene Blattzeichnungen.

Welches Blatt gehört zu welchem Baum?

Aber unter uns: In diesem Kapitel geht's vor allem um Äste.

Sammelsurium

Äste sind kurz, lang, dünn, dick, hell, dunkel, gerade, krumm, leicht, schwer, alt, jung. Mal so, mal so.

Schließe die Augen und stell dir einen besonders schönen Ast vor.
Dann malst du ihn auf diese Seite.
Die Augen bleiben zu, blinzeln gilt nicht.

Ist der Ast sehr krumm geworden?
Macht nichts, mit offenen Augen kannst
du gerade Äste sammeln.
Denn die brauchst du für die nächsten Ideen.

Katamaran

Wird nur geschnürt, kann aber schwimmen. In echt.

Ein paar Hölzchen fürs Bootsdeck zusammenschnüren und fest verknoten.

Für die beiden Rümpfe jeweils zwei dickere Hölzer eng zusammenbinden.

Dann das Bootsdeck auf die Rümpfe binden und alles stramm verzurren.

Wenn du noch einen Mast aufstellst, ...

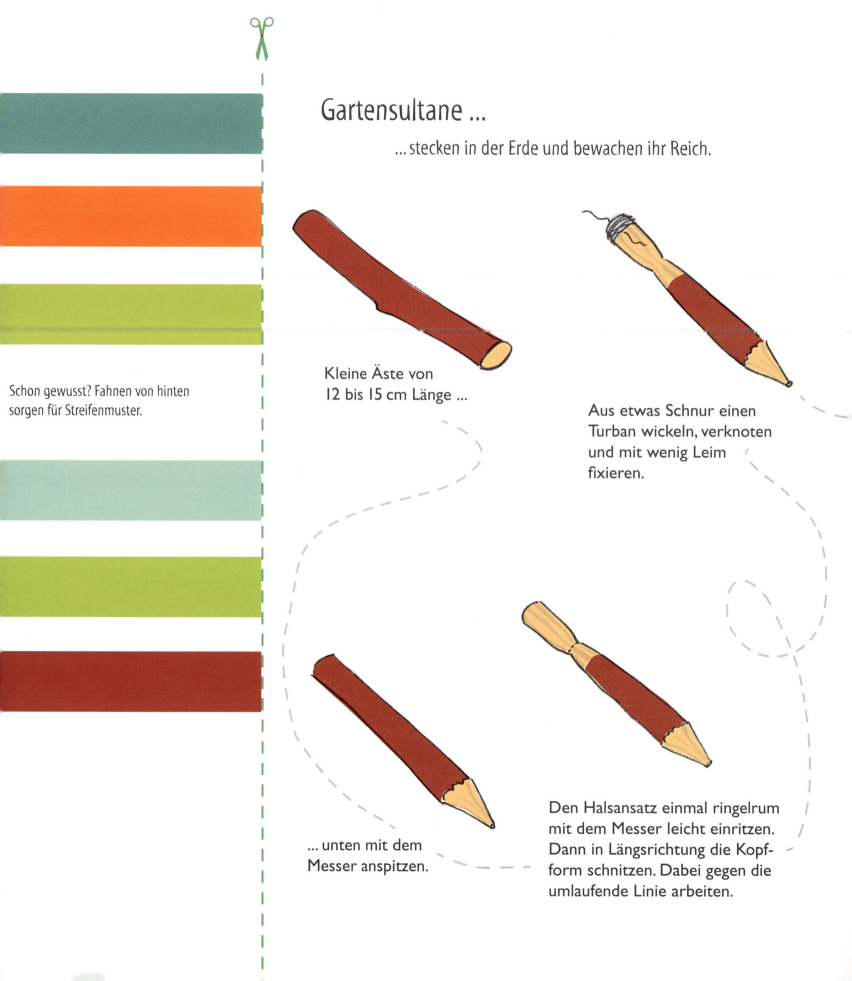

Ein Sultangesicht aufzeichnen.

 verdutzt

 genervt

 irritiert*

* aber höflich

Und wie schauen deine Sultane?
Platz zum Zeichnen

Sammelsurium

Auch in diesem Sammelsurium geht's um Äste.
Besser gesagt, um einen einzigen, aber besonderen Ast:
Er ist gegabelt und sollte sich für zwei verschiedene Dinge
nutzen lassen. Denn er ist ein 2-in-1-Ast.

Was meinst du?
Was kann der 2-in-1-Ast (fast) gleichzeitig?

Platz zum Schreiben

Zur Variante 1

Flutsche

Nur für den Hausgebrauch!

Goldene Regel eines jeden Flutschen-Schnitzers: Niemals auf Lebewesen zielen und nur Papiergeschosse verwenden.

Eine Astgabel kann so manches sein, z. B. eine Wünschelrute oder Flutsche.

Erst einmal probieren, wo das Gummiband am besten Halt findet und unter Spannung steht.

Kerben

An diesen Stellen eine kleine Kerbe schnitzen. So sitzt das Gummiband noch fester.

Flutschen-Schleuder-Weitschießen!

Deine Rekorde: _ _ _ _ _ cm / m

_ _ _ _ _ cm / m

_ _ _ _ _ cm / m

Zur Variante 2

Zebra ohne Streifen

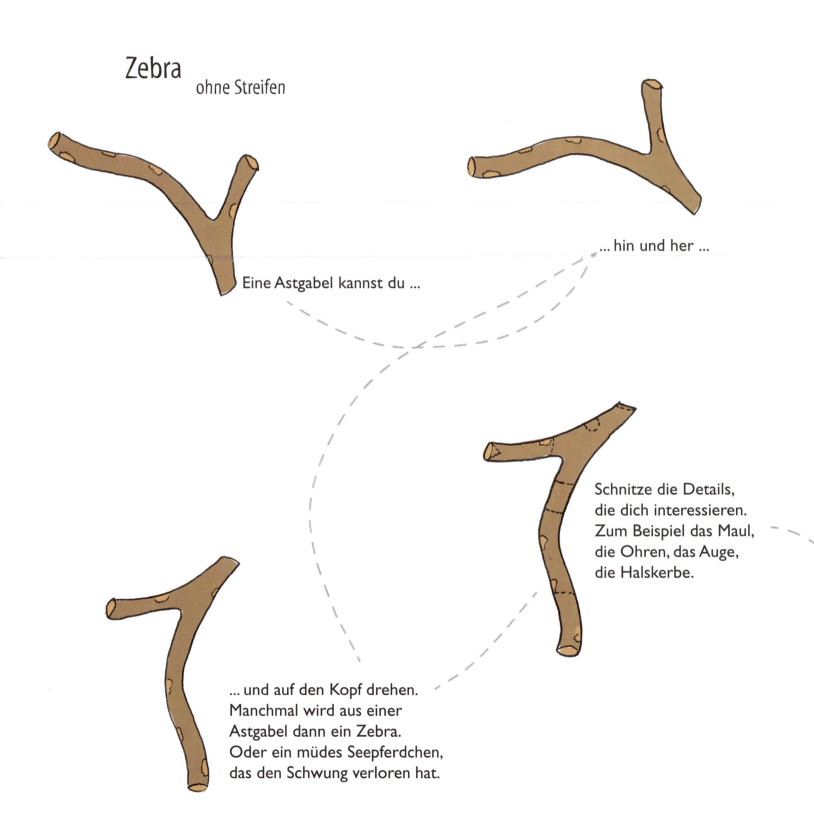

Eine Astgabel kannst du ...

... hin und her ...

Schnitze die Details, die dich interessieren. Zum Beispiel das Maul, die Ohren, das Auge, die Halskerbe.

... und auf den Kopf drehen. Manchmal wird aus einer Astgabel dann ein Zebra. Oder ein müdes Seepferdchen, das den Schwung verloren hat.

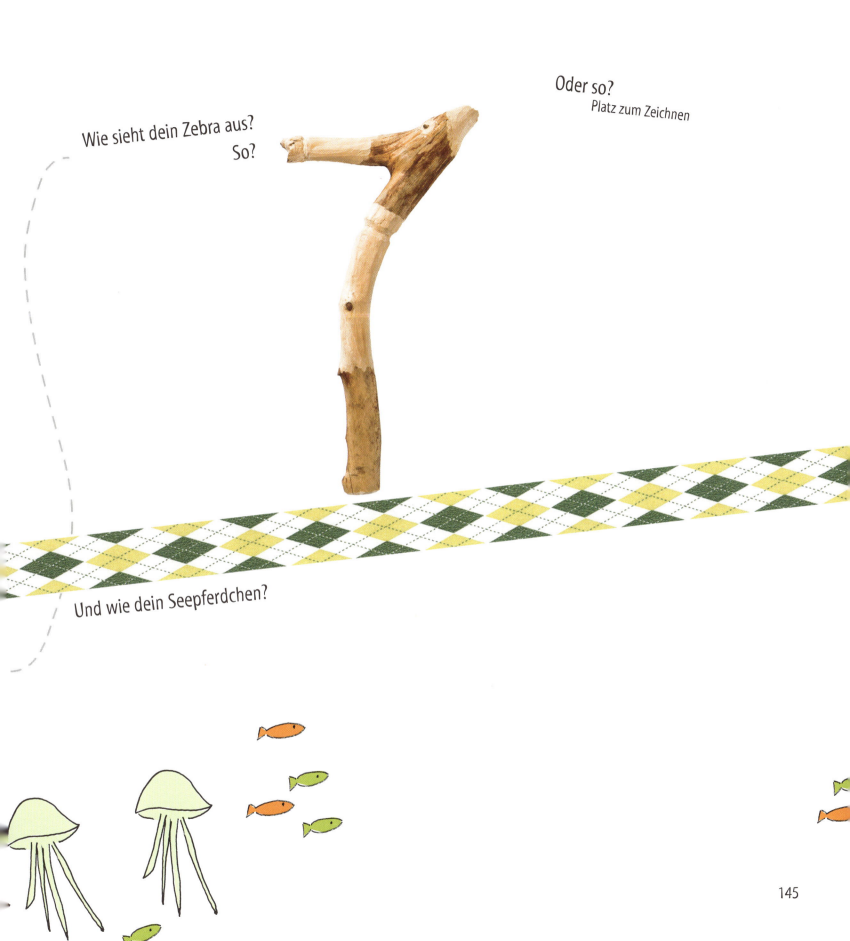

In aller Welt...

...findest du prächtige Farben, stolperst
über Geräusche und sammelst Geschichten,
die für immer dir gehören.

Sammelsurium

 Graupappe

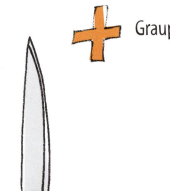

Auf Reisen findest du schöne Papierchen an jeder Ecke.
Sie sind flach und leicht, passen also in jeden Koffer.

Zuckertütchen, Bonbonpapier, Briefmarke, Notizzettel oder U-Bahn-Fahrkarte? Ganz gleich, welches dein allerliebstes Reise-Mitbringsel-Lieblingspapier ist, hier kannst du es aufkleben. So geht's nicht verloren.

Mein Reise-Mitbringsel-Lieblingspapier

Museum (to go)

In einem tragbaren Museum kannst du Reise-Erinnerungen an die Wand hängen. Oder überallhin mitnehmen.

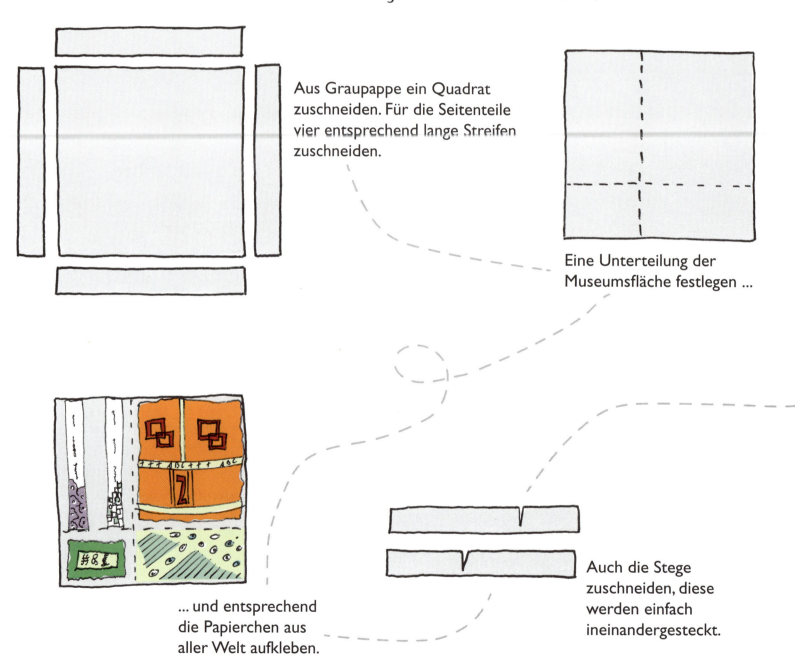

Aus Graupappe ein Quadrat zuschneiden. Für die Seitenteile vier entsprechend lange Streifen zuschneiden.

Eine Unterteilung der Museumsfläche festlegen ...

... und entsprechend die Papierchen aus aller Welt aufkleben.

Auch die Stege zuschneiden, diese werden einfach ineinandergesteckt.

Dann mit Klebeband alles zusammenkleben.
Eine Schnur durch zwei Löcher fädeln und verknoten.

Reise-Memory
für frische Erinnerungen

Jede Menge Vierecke aus Graupappe zuschneiden ...

... und die Vorderseiten paarweise mit Papierchen aus aller Welt bekleben.

 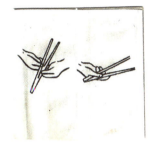 

Fortsetzung folgt bestimmt.

Sammelsurium

POGGIBONSI
TUTUILA
MAGNITOGORSK
ULAN BATOR

GURU
MONGO

+ Pappreste, Papier, Atlas

NAWADIBU
ANTOFAGASTA
TUCURUÍ

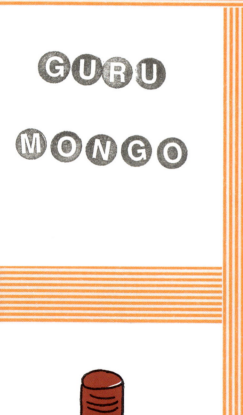

Bilder, Gerüche, Erinnerungen, Geräusche, Geschichten...

All das kannst du von Reisen mitbringen.

Und Namen natürlich.

ein Reisegeräusch: _ _ _ _ _ _ _ _

ein Reisegeruch: _ _ _ _ _ _ _ _

ein Reisebild: _ _ _ _ _ _ _

eine Reisegeschichte: _ _ _ _ _

ein schöner Name: _ _ _ _ _

Traumreise

Keiner weiß vorher, wohin sie führt.

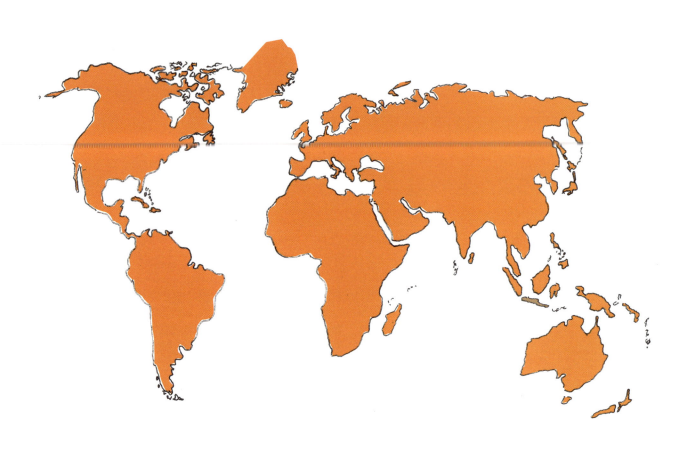

Ein Spiel für dich: Du brauchst eine kleine Weltkarte auf Papier. Wenn du möchtest, kannst du diese hier abpausen oder kopieren. Die Weltkarte klebst du auf ein Stück Pappe.

Dann suchst du aus dem Register eines Atlanten Ortsnamen aus, deren Klang dir gefällt, und schreibst sie auf. Ohne zu wissen, wo sie liegen.

Zufrieden? Dann suche in deinem Atlas heraus, wo die Orte liegen. Für jeden Ort steckst du eine Stecknadel in die Weltkarte. Und dann beginnt die Traumreisen-Planung: Wickle eine Schnur um alle Stecknadeln. Die Reihenfolge bestimmst du.

Für Spürnasen: Wo liegen die Orte der hier zu sehenden Traumreise?

Tucuruí

Mongo

Poggibonsi

Antofagasta

Guru

Magnitogorsk

Tutuila

Ulan Bator

Nawadibu

Reisefänger
für Reiseträume

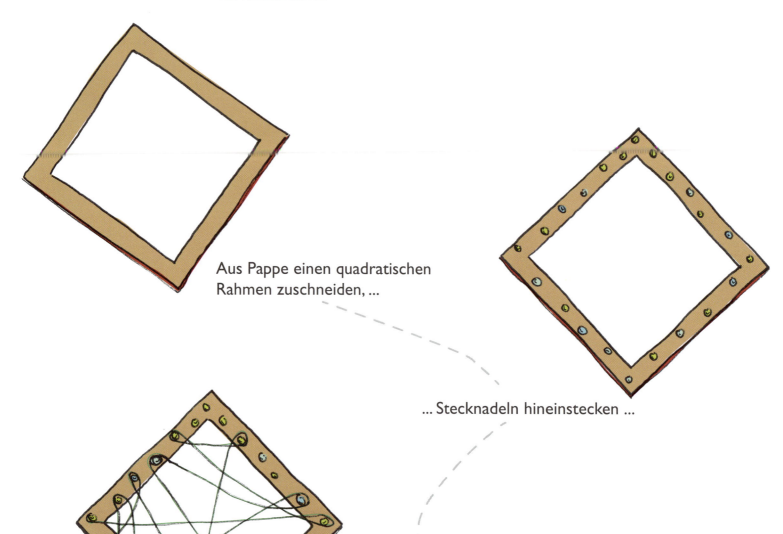

Aus Pappe einen quadratischen Rahmen zuschneiden, ...

... Stecknadeln hineinstecken ...

... und ein Netz aus Schnur spinnen. Hin und her, her und hin. Die Schnur verknoten und eine Schlaufe als Aufhängung anbringen.

In das Schnurnetz ein Papierchen mit deinem Traumreiseziel schieben und fest dran glauben, dass du eines Tages dort landen wirst.

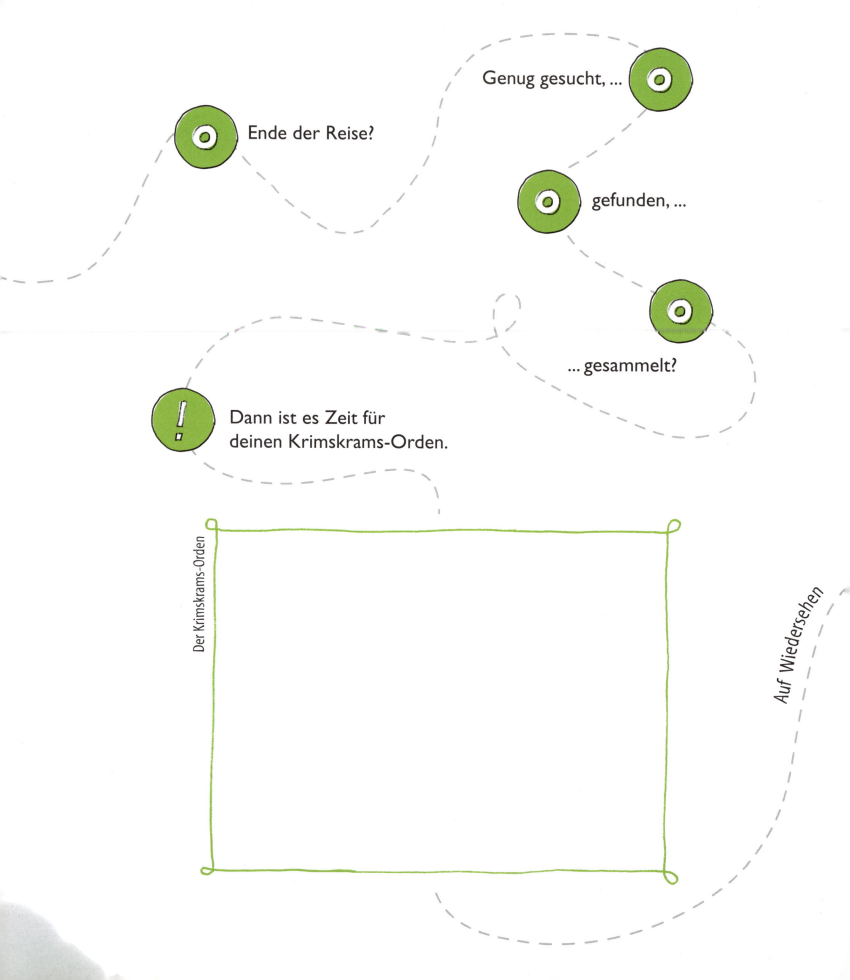